歴史ルポルタージュ　島原天草の乱　第3巻

潜伏キリシタン村落の事件簿

吉村豊雄
Yoshimura Toyoo

清文堂

潜伏キリシタン村落の事件簿

目次

第九章　改竄された潜伏キリシタン事件……195

主な登場人物

上田源作　高浜村庄屋。島原藩富岡役所の信任も厚い。

上田友三郎　今富村庄屋。上田源作の弟。今富村のキリシタン探索のため同村の庄屋として送り込まれた。

大竹仁左衛門　富岡役所においてキリシタン探索を指揮した。上田源作と深いつながりを持った。二度、江戸に上り、幕府に事件を報告した。

川鍋次郎左衛門　島原藩の郡方奉行。潜伏キリシタン取り調べの総責任者。

羽太十郎左衛門　島原藩の家老。潜伏キリシタン事件を統轄した。

佐久間六郎兵衛　島原藩の勘定奉行。関係する書状類をもとに島原藩の動きをまとめた『天草吟味方扣』を作成した。

大成和尚　大江村江月院の僧侶（鑑司）。キリシタン探索・異仏鑑定のために長崎の皓台寺大同庵から招かれ、一年後に孤立して長崎に戻った。

江間新五右衛門　山林の管理に当る富岡役所詰の山方役人。村方の取り調べにあたった。

長岡五郎左衛門　御領組の大庄屋。村方の取り調べにあたった。

平井為五郎　志岐組の大庄屋。村方の取り調べにあたった。

伊八　大江村桑鶴の頭百姓。「隠れ部屋」やキリシタン遺物で知られる家の先祖。

幸左衛門　大江村の頭百姓・嘉吉の名子（隷属的な農民）。大江村の潜伏キリシタン組織（上組）の帳元。幕末、西国郡代によって改竄された天草潜伏キリシタン事件の中心人物に仕立てられた。

フェリエ神父　崎津教会神父。一八八二年（明治十五年）ごろ大江・崎津・今富の村々を廻って信仰に関する報告書をまとめた。

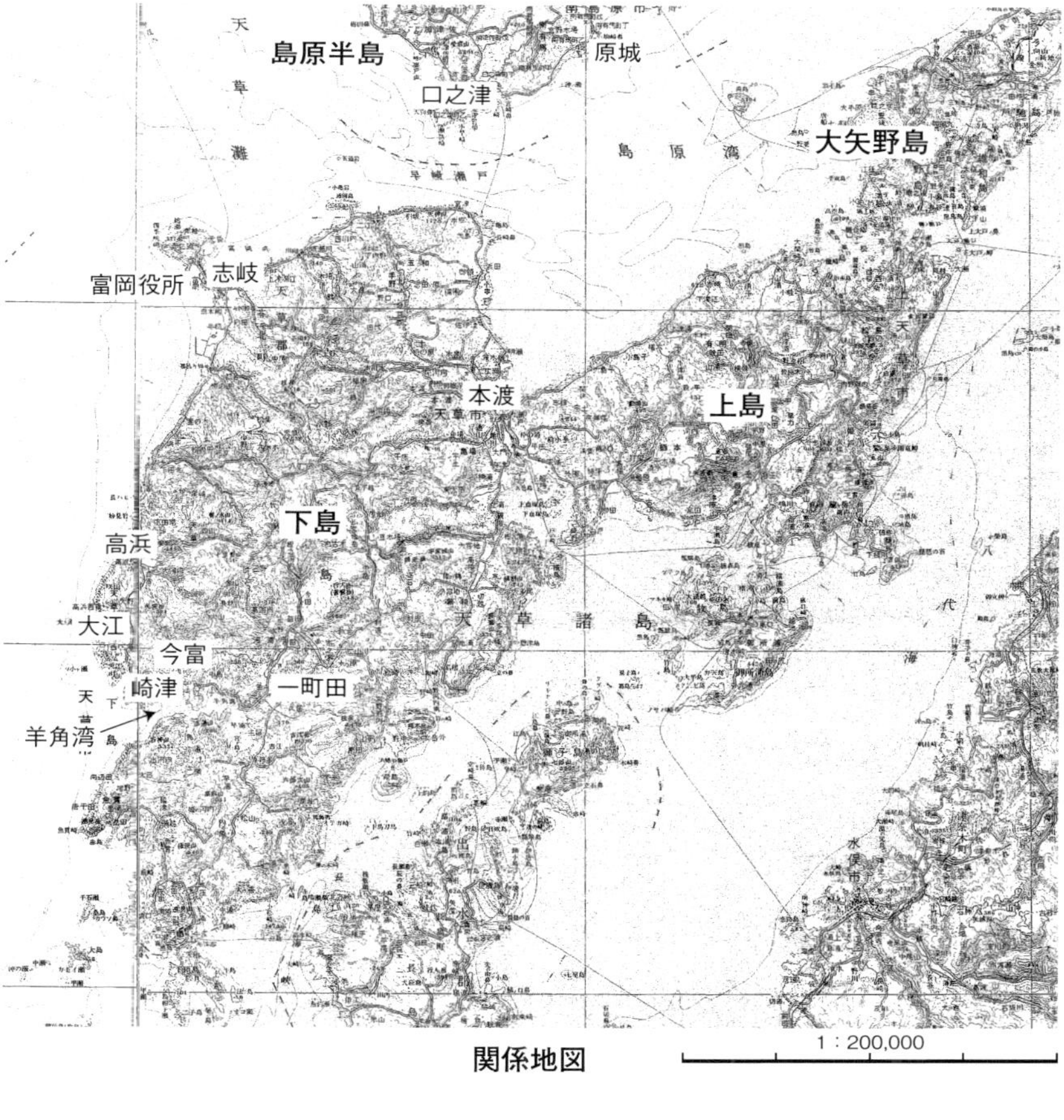

関係地図

1：200,000

潜伏キリシタン村落の事件簿

はじめに──摘発された五千二百五人

摘発された潜伏キリシタン村落

江戸時代の後期、十九世紀にさしかかるころ、肥後国天草郡の最大の島、下島西海岸の村々において五千人をこえる潜伏キリシタンの存在が明るみに出た。今富・大江・崎津・高浜の四ヵ村（現・天草市）において摘発されたキリスト教信者は、最終的に五千二百五人に及んだ。驚くべき人数である。日本キリシタン史上、空前の規模のキリシタン発覚事件といってよい。摘発された潜伏キリシタンの割合は、四つの村の総人数の過半に及ぶ。まさに潜伏キリシタン村落が百数十年ぶりに手入れを受けたわけである。

それにしても、キリスト教の禁止、禁教を国家の大原則とする江戸幕府のもとで、どうして村民の過半がキリスト教信者とされるような潜伏キリシタン村落が存続していたのか。しかも事件が起こったのは、約百六十年前、キリシタン百姓が中心となって起こした一揆、島原・天草一揆（島原の乱）の舞台となった天草である。

一揆の原因といえば、まず当時の天草・島原地域の領主によるキリシタンの迫害・弾圧が指摘される。そして、一揆鎮圧後の天草では禁教政策が意識的に徹底されたはずである。常識的にみれば、とても仏教徒となった転びキリシタンが信仰を継続できるような状況ではない。

天草は長崎にも近い。東シナ海に面した天草下島の西海岸は長崎に向かう外国船が沖合を往来する。長崎奉行所のきびしい監視の目もある。それなのに島原・天草一揆から百六十年余を経た天草の村々に、キリスト教信者が村落規模で存在していた。それも五千人を越える規模である。

そもそも長崎でも、幕府直轄の都市・長崎に隣接した浦上村（肥前国彼杵郡浦上村、現・長崎市）において、天草の事件と同じ時期から幕末にかけて、一般に「浦上崩れ」（一番崩れ～四番崩れ）といわれる潜伏キリシタンの発覚事件があいついでいる。

長崎といえば、幕府外交の拠点である。長崎奉行の統轄する政治組織が所在する禁教の拠点ともいえる。当時の浦上村では村民の九割がキリシタンだったという見方もある。長崎のすぐそばの浦上村という潜伏キリシタン村落が、どうして百数十年もの間、見過ごされてきたのか。

潜伏キリシタンと隠れキリシタン

ここでいう潜伏キリシタンとは、主に、江戸初期にキリスト教信仰を棄て、仏教徒となりながら、ひそかに信仰を持ちつづけ、代々にわたって信仰が伝えられたキリスト教信者をさしている。換言すれば、江戸初期に棄教しつつ、その後も信仰を持続させた転びキリシタンの家系のことをさしている。

江戸時代後半のキリシタンといえば、一般には「隠れキリシタン」のイメージが強い。かつては専門的にも「隠れキリシタン」という言葉が使われてきた。厳しい禁教下で秘密の地下組織をつくり、人目をしのんで信仰を守る姿が強調され、組織の解体につながりかねないキリシタンの集団発覚事件は、今も「崩れ」と称されている。天草の潜伏キリシタン事件も「天草崩れ」と呼ぶ専門家が多い。

こうした見方は、江戸前期は別にして、江戸時代後期の潜伏キリシタンを理解するうえでは問題もある。「隠れ」という言葉が、潜伏キリシタンを一般百姓とは違う特殊な存在にしてしまっている。

そもそも五千という人数のキリシタン百姓が、日常の村落生活を送りながら、そうそう隠れていられるものではない。五千の信者が組織的に地下活動に徹していたわけでもない。村には多様なキリシタンの百姓がいた。仏教徒の百姓も村や集落に混在している。多くの潜伏キリシタンにとって、信仰行動は現実的には毎日の営みの一部であり、村の日常生活において非キリシタンの百姓とそれほど大きく変わるものではない。

だから、百数十年間にわたって見つからなかった。長崎の浦上村も同様である。幕府直轄の都市・長崎に隣接していながら、見つからなかった。見つかっても、感づかれても余り問題にされなかったというべきであろうか。常識的に考えれば、キリシタンが村民の九割を占めるともいわれるような潜伏キリシタン村落が、百数十年にわたって発覚しなかったのが不思議なくらいである。

キリスト教信者を密告すれば大金が手に入った。訴人褒賞はキリシタン摘発の最も効果的な方策であるが、天草下島の西海岸の村々においても、長崎に隣接した浦上村でも、事件以前、潜伏キリシタンの発覚につながるような密告は出なかった。これらの地方で仲間や隣人を売って金を手にいれたといった話しを聞かない。

ところが、こうした潜伏キリシタン村落の信者たちは、ある時期になって「発覚」し、「摘発」されている。江戸時代の後期、十九世紀にさしかかるころである。

本書は、天草下島西海岸の潜伏キリシタンの村々が、幕府領の天草郡を預かる島原藩の探索・取り調べを受け、最終的に五千二百五人もの潜伏キリシタンが摘発されていく事件に分け入った史的ルポルタージュである。

潜伏キリシタンは、五千二百五人だけだったのか

ところで、天草の事件では、最終的に五千二百五人の潜伏キリシタンが摘発されている。驚くべき人数である。だが、この人数は当時の潜伏キリシタンの全てを捕捉したものではない。実際の潜伏キリシタンの人数は五千二百五人を大きく上回るとみてよい。

島原藩が最終的に幕府に報告した潜伏キリシタンの人数が五千百人である。その後の現地での取り調べで判別された潜伏キリシタンは、五千二百五人まで増加している。当時、天草を預かっていた島原藩の役人は「調べ落とし」がないように取り調べに臨み、現地の庄屋・大庄屋たちも「調べ落とし」をつぶす努力を重ねている。「五千二百五人」という人数は、徹底した取り調べにもとづく数字である。同時に、上積みされる余地を残した数字ともいえる。

さらに、根本的な問題がある。天草の潜伏キリシタン事件において、「調べ落とし」のキリシタンが存在していたと想定されるからである。それも、相当な人数の「調べ落とし」が存在している。

作られた「隠れ部屋」

現在の天草市大江町桑鶴に、屋根裏に信仰の部屋を設けた「隠れ部屋」(隠し部屋)や、数々のキリ

シタン遺物で知られる家がある。事件当時の家頭（戸主）は伊八である。伊八は、初期の探索で潜伏キリシタン組織の中心的人物としてマークされ、最終的に邪宗信仰の「心得違い」の者とされているが、取り調べでは不思議にこれといった自供記録を残してはいない。

また、現在、大江天主堂の近くの天草ロザリオ館には、同家の数多くのキリシタン遺物が展示されている。これらの遺物は、伊八の家が、通常の仏像・仏具とは違う、キリスト教信仰と結びついた異仏の差し出しに応じていなかったことを物語っている。そして、事件から九年後、文化十一年（一八一四）の自宅建築に際して、伊八が設けたという「隠れ部屋」の存在は、伊八の家が事件を通して信仰を守りつづけていたことを象徴している。

事件が終息した文化二年（一八〇五）当時、伊八の年齢は二十八歳である。父親の徳右衛門も健在であった。年齢は五十歳前後であろう。同家は、代々にわたってかなりの土地を集積した有力百姓であり、徳右衛門は村役人も勤めている。家頭を譲って伊八の陰に隠れているが、年齢的にみても徳右衛門は、大江村の潜伏キリシタン組織の長老的な人物だったと思える。

村の格差社会――隠された潜伏キリシタン

大江村の徳右衛門のような存在は、潜伏キリシタンの取り調べにおいて、真の邪宗信者を見落とす、「調べ落とし」の可能性があったことを想定させる。「調べ落とし」の可能性を考えるヒントとして、三つの点を指摘しておきたい。

一つには、当時の天草が、身分格差・経済格差の厳しい「格差社会」だったことである。大江村は、その典型である。事件当時、村を観察した大矢野組大庄屋の吉田長平は、「四十九人の頭百姓のほかは、頭百姓の名子ばかりだ。名子は頭百姓の言いなりだ」と報告している。大庄屋の報告ほど村の実状は単純ではないが、この大庄屋は、村の格差社会の現実を見抜いている。桑鶴の徳右衛門も頭百姓の一人である。名子という隷属的な農民は、江戸時代の初期には全国的にみられたが、名子制度が、江戸後半はおろか、近代まで色濃く残っているのが天草の島嶼社会の特色である。

徳右衛門が、せがれ伊八の陰に隠れていたように、村人数の過半を占める名子は、名子主である頭百姓の陰に隠れていた。現地でキリシタン探索にあたっていた地域の檀那寺＝大江村江月院の大成和尚は、「貧困ゆえに邪宗信者が多い」と指摘している。当時、「小前」「小百姓」と称された名子たち下層・貧農層の間にはキリスト教信仰が深く浸透していた。崎津村を典型とする浦方（漁村）の零細なキリシタン漁民の存在も同様である。名子の存在に象徴される「村の格差社会」の現実は、潜伏キリシタンの取り調べにおいて、大きな「調べ落とし」があった可能性を想定させる。

ヒントの二つ目は、明治十五年（一八八二）ごろに今富・大江・崎津の村々を廻った崎津教会のフェリエ神父の記録である。神父が記録した各村の信者の戸数・割合と、「五千二百五人」を構成する各村の信者の戸数・割合との間には、大きな数字の開きがある。

たとえば、大江村について比較すると、文化二年（一八〇五）の取り調べによると、総戸数五百六十九戸のうち、摘発された潜伏キリシタンが四百四十一戸、仏教徒が百二十八戸であり、キリシタンは村の総戸数の約七十七％にあたる。これは、想像以上に大きい数字である。だが、フェリエ神父が記録している数字はさらに大きい。

神父は、大江村のキリシタンの戸数を約八百三十戸、仏教徒約七十戸とし、キリシタンの割合を総戸数約九百戸の約九十二％としている。信者の割合の違いもさることながら、信者の戸数の違いは大きい。文化二年当時のほぼ倍のキリシタン戸数となっている。明治にかけての仏教徒の減少も注目される。

フェリエ神父は、信者の戸数・割合について、きわめて高い数字を記録しているが、その神父が、大江村において、「軍ヶ浦は、みなゼンチヨー（仏教徒）なり」と記録しているのは、事件当時の島原藩富岡役所の見方と全く一致している。フェリエ神父の報告は、かなり信頼に足るものといえる。

したたかな潜伏キリシタンの村

天草の潜伏キリシタン事件において、その取り調べに、かなりの「調べ落とし」があったとすれば、「潜伏キリシタン村落の事件簿」の見方も大きく変わってくる。

現地での取り調べにあたった庄屋・大庄屋たちは、最終的に村民の側が「素直」に、「あり体」に取り調べに応じたと評価している。しかし、もし取り調べに「調べ落とし」があったとしたら、そこからうかがえるのは、「恐れ入りました」と、「あり体」に取り調べに応じながら、実際の人数と組織、信仰の実相、肝心なキリシタン遺物を隠した村側のしたたかな対応である。村側の対応には、今後を見据えたある種の策略も想定される。

事件から九年後、大江村桑鶴の伊八は自宅を新築している。自宅の屋根裏に設けられたとされるのが、今に残る「隠れ部屋」である。隠れ部屋には、現在、大江天主堂の近くにある天草ロザリオ館で展示されている同家のキリシタン遺物の数々が置かれていたはずである。

同家に伝承されている祈りの文句、オラショも、取り調べで供述されているような定型的なオラショではない。島原藩による探索・取り調べも、潜伏キリシタン村落の皮相を捕捉したに過ぎないのではないか、との印象を持たせる。

伊八の父、徳右衛門が死去するのは、自宅が建てられた二年後のことである。

抹消された潜伏キリシタンの村

ヒントの三つ目は、最大の「調べ落とし」として、潜伏キリシタン村落そのものが島原藩によって意図的に消されていることである。一町田村はその典型である。

天草下島における潜伏キリシタン村落の下地をつくったのは、戦国末・近世初頭のキリシタン領主・天草氏である。下島の中南部を領域とした天草氏は、明確にキリシタン信仰を軸にした領域づくりを志向し、天正十五年（一五八七）、豊臣秀吉によって出されるバテレン追放令のころまでは、「領民の全てがキリシタン」という領域状態を実現していた。

その天草氏が拠点としたのが河内浦、のちの一町田村である。一町田村に転びキリシタンが多かったことは、類族と呼ばれる転びキリシタンの家系の親族の人数に示されている。たとえば寛延三年（一七四六）前後の村明細帳によって類族人数を示すと、一町田村六十七人、崎津村四人、今富村四人となっている。崎津村・今富村という潜伏キリシタン村落のキリシタン類族の人数がわずか四人である。

崎津村・今富村といった潜伏キリシタン村落の類族人数が極端に少ないこと自体が問題である。同時に、このことは、江戸時代の禁教政策が一面において形式的であったことを物語っている。こうした点を考慮すれば、一町田村のキリシタン類族の多さは群を抜いている。事件当時、現地の富岡役所は、島原藩当局に対し、一町田村とその近郷の村々を潜伏キリシタンの探索・取り調べ対象に加えるように進言している。しかし、進言が採用されることはなかった。島原藩執行部の政治判断で富岡役所の進言は黙殺されている。

一町田村が、潜伏キリシタン村落として浮上することは二度となかった。一町田村とその近郷の村々が意図的に抹消されたことは、潜伏キリシタン村落の取り調べにおける最大の「調べ落とし」となっている。

事件簿のカラクリ

島原藩による潜伏キリシタン村落の探索・取り調べは徹底されている。相当に徹底されている。同時に政治的な操作もなされている。そして幕末には、当時、天草を支配していた西国郡代によって、天草潜伏キリシタン事件そのものが全く別物に改竄され、長崎奉行に報告されている。西国郡代の報告は今日にいたる事件の判例ともなっている。

事件後、幕府老中は、取り調べにあたった村の庄屋・大庄屋たちの労苦と勤めぶりを称え、褒賞を与えた。異例のことといえる。一方、潜伏キリシタン村落の側も、寛大な処分に導いてくれた島原藩に感謝し、百姓たちは募金に応じ藩主松平忠憑以下、藩の歴々に献上品を送っている。そして事件後、潜伏キリシタン村落は、「崩れ」ることなく、いつの間にかもとの日常に戻っている。こうした事件の顚末をみると、事件の裏側には、あっと驚くような事件のカラクリさえ想定させる。

いろいろと想像だけはふくらむが、以上のような想定と可能性に留意しつつ、「五千二百五人」もの潜伏キリシタンが摘発された事件簿をひも解いてみることにしよう。

第一章　江戸初期から存続した潜伏キリシタン村落

江戸時代の後期、十九世紀にさしかかるころに、天草下島西海岸の村々において、五千余の潜伏キリシタンが摘発されている。そして、事件から百六十年余さかのぼったころ、寛永十四年（一六三七）十月下旬に蜂起した島原・天草一揆（島原の乱）の時期に、この天草下島西海岸の村々には「五、六千」の転びキリシタンが存在していた。

天草下島西海岸の村々における「五、六千」の転びキリシタンと、「五千余」の潜伏キリシタンという百六十年余をへだてた二つのキリシタン人数は、歴史的にあい通じている。二つの人数の間には、江戸初期の転びキリシタン村落が、地域に根づいた長き潜伏の歴史が存在している。

1　島原の乱段階の転びキリシタン村落

一揆首謀者が自供した転びキリシタンの村

文化二年（一八〇五）に終息をみた天草潜伏キリシタン事件から百六十年余さかのぼったころ、肥後国天草郡、当時の唐津藩天草領におけるキリシタン一揆（島原・天草一揆）蜂起直後のことである。天草側の一揆の中心人物である渡辺小左衛門は、一揆蜂起直後、熊本藩領の宇土郡に潜入したところを捕縛され、島原と天草における一揆蜂起の計画について重要な証言をしている。そのなかで天草の転びキリシタンの存在状態について次のように供述している。

○大矢野の人数は男女千三百ほどです。

○上津浦は、近辺の八ヵ村を合わせて、男女人数で二千四五百ほどであり、このうち、用に立つ者は八九百だと思います。頭取しているのは多分庄屋どもであり、七右衛門・喜兵衛・次兵衛などと申す者です。

○天草の島中に男女二万五千の人数がいると内々聞き及んでいます。このうち、志岐・大江・高浜・崎津・河内浦、この五ヶ村に転びキリシタンが男女五六千いるとのことです。これらの者たちが、この度キリシタン一揆を起こしたのでしょうか。我らは、早くこの方へ参りましたので、全然存じません。

天草は上島・下島・大矢野島を中心に大小百二十余りの島々からなる。一、二条目の大矢野・上津浦とは、天草一揆の主要地盤となった大矢野島、上島の北部・東部地域のことであり、渡辺小左衛門のいう人数はキリシタンに立ち帰り、一揆に参加した人数に相当するものとみてよい。

三条目において渡辺は、天草の総人数を二万五千程度とし、このうち下島の「志岐・大江・高浜・崎津・河内浦」の村々に五、六千の転びキリシタンがいると供述している。転びキリシタンとは、キリスト教信仰を転んだ、信仰を棄てて仏教徒になった元キリシタンのことである。

渡辺小左衛門の供述によれば、大矢野島・上島の大矢野・上津浦地域の転びキリシタンは、キリシタンに立ち帰って一揆に結集し、一方、下島の「志岐・大江・高浜・崎津・河内浦」の村々には、一揆蜂起の時期、五、六千人に及ぶ転びキリシタンが存在していたことになる。

結局、下島では、大矢野島・上島のように転びキリシタンが村落・地域レベルで立ち帰り、一揆に結集するような動きはみられなかった。渡辺小左衛門が五、六千はいると供述する下島西海岸の転びキリシタンは、十九世紀はじめに摘発された五千余の潜伏キリシタンに帰結していくことになる。

一揆蜂起か、潜伏か——方向の違いは、どうして生まれたのか

渡辺小左衛門の供述をふまえると、島原・天草一揆の段階、天草の転びキリシタンには、次のような地域的な特徴が認められる。

○大矢野島、上島の北部・東部地域（＝大矢野・上津浦地域）
　　——転びキリシタンの地域的な立ち帰り・一揆蜂起。

○下島の西海岸地域——五、六千人に及ぶ転びキリシタンの村の存在、一揆への不参加。

渡辺小左衛門の供述にみるような、一揆における大矢野島・上島の大矢野・上津浦地域と、下島西海岸の村々の転びキリシタンの動きの違いは、どうして生まれたのであろうか。それは基本的に、戦国末・近世初頭における天草の領主たちのキリスト教への入信の時期、信仰形態にもとづいている。

戦国時代後半の天草は、「天草五人衆の時代」と呼ばれている。下島の志岐氏・天草氏、上島・大矢野島の上津浦氏・栖本氏・大矢野氏、この五人の地域領主が割拠する時代である。五人衆は、途中で棄教した志岐氏を含めて、五人全員がキリスト教に入信した経歴を持っている。しかし、上島・大矢野島の上津浦氏・栖本氏・大矢野氏と、下島の志岐氏・天草氏とでは入信時期が大きく異なっている。

下島の志岐氏・天草氏の入信時期は古い。両氏は、戦国末、大村純忠を初めとするキリシタン大名が生まれる時期にキリスト教に入信している。下島北部の志岐氏は入信時期が最も古いが、すぐに棄教し、その後一貫して宣教師側と距離を置いたため、在地社会への信仰の広まりは限定された。下島中南部の天草氏は、明確にキリスト教信仰を軸にした領域づくりを志向し、豊臣秀吉のバテレン追放令の段階まで「領民の全てがキリシタン」という領域状態を実現している。

先にみたように、渡辺小左衛門は、島原・天草一揆の段階の転びキリシタンの分布について、「志岐・大江・高浜・崎津・河内浦、この五ヶ村に転びキリシタンが男女五六千いるとのことです」と供述しているが、志岐が志岐氏の拠点、残る大江・高浜・崎津・河内浦は、河内浦を拠点とする天草氏の領域に属する。

一方、上島・大矢野島の上津浦氏・栖本氏・大矢野氏は、近世初頭、豊臣秀吉によってバテレン追放令が出され、高山右近を除くキリシタン大名の全てが棄教している状況のなかで、にわかにキリスト教に入信し、短期間で領域全体にわたって集団入信・寺社破壊を強行している。栖本氏はこの後滅亡し、領域のキリシタン組織も急速に消滅しているが、大矢野氏・上津浦氏は、キリスト教に入信するや、領民への集団入信・寺社破壊を推し進め、秀吉のもとでおびやかされている領主権の強化を図った。

したがって大矢野氏・上津浦氏の支配領域では、村落構造がそのまま信仰組織に編成されている。信者組織は長期にわたって地域的に温存され、島原・天草一揆において天草側の主要な地盤となっている。

2　存続した転びキリシタン村落

岐路に立つ転びキリシタンの村

島原・天草一揆の段階、天草の大矢野島・上島と下島の間にみられた、転びキリシタン村落の方向の違いはどういう経緯で生まれたのであろうか。その違いは、寛永十年（一六三三）六月に始まっている。

寛永十年六月、上島の上津浦（現・天草市）付近において、天草・島原地方で最後のバテレン（宣教師）となる斎藤パウロが捕縛された。

寛永十年六月といえば、これまでの外様大名にかわって将軍家光の側近（旗本）から任命された長崎奉行のもとで、いわゆる第一回の「鎖国令」が出された直後であるが、この時期に天草上島の上津浦付近に神父がいたことに驚かされる。かつて天草では上津浦・大矢野地域がイエズス会の一つの教区をなしていたが、上津浦・大矢野地域には斎藤パウロ神父をかくまうような信者組織があったのである。

上津浦地域は新任の長崎奉行のもとで徹底した穿鑿を受けたはずであり、次にみるように、大矢野地域も含めて、すでに棄教していた信者たちは富岡城代のもとで再度の転びを強制されている。こうした地域的な経験が島原・天草一揆において地域的なキリシタンへの立ち帰りを生んだ。

転びキリシタンに対する再度の転びの強制は、天草全域に及んでいる。たとえば、下島西海岸の村々の一つ、高浜村では、転びキリシタンの庄屋・百姓が、生涯、キリシタンに立ち帰らないことを誓った証文を富岡城代・河内浦郡代に差し出している。高浜村は、先にみたように、天草一揆の中心人物・渡辺小左衛門が、「下島の志岐・大江・高浜・崎津・河内浦の五ヵ村に転びキリシタンが男女五、六千いるとのことです」、と供述している五ヵ村の一つである。証文の本文を現代文に直して示すと、次のようなものである。

私は、キリシタンでしたが、先年（寛永七年）の宗門改めで転び、一向宗になり、転び証文を書き、差し上げました。ところが、この度、赤崎村でバテレン（宣教師）が捕られ、キリシタン宗門の改めが行われ、重ねて転び証文を命じられました。そもそもキリシタンの宗旨は魔法の教えです。内証にてバテレンが信仰への復帰を許しても、この証文を取り戻さなければ、キリシタンに立ち帰ることはできない教えなので、どのようなことがあっても、最後まで立ち帰ることはありません。我等妻子・召遣いの者までも、残らず転びました。キリシタンの宗旨は一人もいません。若し立ち帰れば、親子兄弟までも、火あぶりにして下さい。後日のため以上のとおりです。

この証文では、高浜村の五十九家族、百九十人の転びキリシタン全員が、今回のバテレンの摘発を受けて、改めてキリシタンを転び、今後、キリシタンに立ち帰らないことを誓約している。

証文は、寛永十年六月二十五日の日付で作成されている。天草領の統治にあたる富岡城代は、上島の上津浦付近でバテレンが捕らえられると、その月のうちに、郡代所ごとに全ての転びキリシタンから証文を取った。郡代所は河内浦のほかに下島の本渡、上島の栖本に置かれているが、それぞれの郡代所で証文の取り立てがなされていたとみてよい。

たとえば、大矢野島での一揆蜂起直後、一揆の中心人物、渡辺小左衛門は四、五十人の庄屋・村人を率いて上島の栖本郡代所に押しかけ、転び証文の引き渡しを要求している。この転び証文こそ、寛永十年六月の転び証文とみてよい。上島上津浦でのバテレン摘発を受けて、下島の高浜村で実施された転びキリシタンからの再度の転び証文の取り立ては、天草の全島規模で実施されていたとみてよい。

絶望的になった立ち帰り

天草では、寛永七年（一六三〇）までの宗門改めにおいてキリシタン信者の全員が転び、三つの郡代所ごとに設定された檀那寺に所属させられた。そして寛永十年六月、上島の上津浦付近でのバテレン摘発を受けて、転びキリシタン全員に転びを強制している。つまり、天草の転びキリシタンは、全員が二度転んでいることになる。

転びキリシタンに対する二度目の転びの強制は、決定的に重要な意味をもった。とくに注目したいのは、先の高浜村の転び証文において、「内証にてバテレンが信仰への復帰を許しても、この証文を取り戻さなければ、キリシタンに立ち帰ることはできない教えなので、どのようなことがあっても、最後まで立ち帰ることはありません」、と誓約していることである。

証文は、ひそかに信仰を継続している転びキリシタンに対して、立ち帰りの気持ちなど起さないことを誓わせている。島原・天草一揆における転びキリシタンへの立ち帰り・一揆蜂起は、一揆蜂起の四年前、転びキリシタン全員に強制された二度目の転び、転び証文の取り立ての事実を抜きには理解できない。

それから四年後、寛永十四年十月、大矢野島、上島の北部・東部地域では、これら転びキリシタンの地域的な立ち帰りが進んでいる。領主側に差し出した二度目の転び証文において、「この転び証文を取り戻さなければ、キリシタンに復帰できない」と誓約している以上、一方的な信仰復帰の表明は意味をもたない。

そこで、天草一揆の中心人物・渡辺小左衛門は、四、五十人の庄屋・村人を率いて上島の栖本郡代所に押しかけ、郡代に転び証文の引き渡しを要求し、転び証文を取り返すことができないとみるや、一揆蜂起を宣言している。渡辺らは、領主側と敵対する行動を起こすことで証文を無効にし、キリシタンへの復帰を果たそうとしたものといえる。

転びキリシタン村落は、どうして存続したのか

結局、島原・天草一揆に際して、天草では大矢野島、上島の北部・東部地域（大矢野・上津浦地域）以外、主体的に一揆蜂起に結集する地域はなかった。下島の転びキリシタンも、大矢野・上津浦の一揆が、島原領からの加勢の一揆勢と合流して唐津藩勢と戦う本渡合戦から富岡城攻めの時期に、一時的に流動化しているが、大勢として一揆に連動する動きは限られていた。

五、六千の転びキリシタンがいるという天草下島西海岸の村々、「志岐・高浜・崎津・大江・河内浦」

といった転びキリシタン村落も、富岡城攻めで一揆勢が敗走すると沈黙し、その後は長き潜伏化に向かっている。転びキリシタン村落の潜伏状態は長期にわたって継続され、十九世紀はじめ、下島西海岸の村々において明るみに出た、五千人余の潜伏キリシタンの存在に通じている。

それにしても島原・天草一揆の鎮圧後、百六十年余にわたって、「五、六千」という人数の転びキリシタンの村が存続しえたのは、なぜだろうか。

島原・天草一揆段階のキリシタン政策というと、一揆の原因論ともからんでキリシタン迫害・弾圧に結びつくような領主側の取り締まりの厳しさが強調される。とても転びキリシタンが地域社会において信仰を継続させるなどできそうにない。

確かに、一揆当時の禁教政策は厳しいものがある。「迫害」レベルの弾圧も行われた。一揆後の天草では意識的に禁教政策が徹底されている。しかし、禁教政策は一面において形式的でもある。そこにキリシタンの集団的潜伏を可能にした基本的な原因がある。

たとえば先に述べたように、高浜村では寛永十年六月の転び改めにおいて、都合五十九家族、百九十人の転びキリシタンが転び改めを受け、信仰復帰できないような証文を取られている。その際に一般的には、こうした転びキリシタンの家族は、子々孫々に至るまでキリシタン類族として家系的に厳しく管理されていると考えられている。しかし、実際はそうではない。

高浜村にも転びキリシタンの類族改め帳簿はある。たとえば、崎津村・今富村・大江村・高浜村・都呂々村の寛延三年（一五七〇）の『転宗者幷類族死失帳』を見ると、そこに記載されているのは、元和元年（一六一五）の寺沢氏の時代に転んだ九家族だけである。高浜村の五十九家族、百九十人の転びキリシタンはこうした「転宗者」（転びキリシタン）の管理台帳には入っていない。

つまり、天草では、寺沢氏時代の初期の転びキリシタンの家系だけが、延々と類族として管理されつつ、寛永七年につづき、寛永十年にも転び改めを受けた万人規模の転びキリシタンは、『転宗者幷類族死失帳』の対象外とされている。

渡辺小左衛門のいう「志岐・高浜・崎津・大江・河内浦」の五、六千人の転びキリシタンは、寛永十年の転び改めを受けると、その後、格別に経過監視されることもなく、一揆後、毎年くり返される宗門人別改め・絵踏といった制度化され、年中行事化していく禁教策のもとで潜伏化していったのである。

やり過ごした絵踏

とくに天草の島民にとって宗門改めの基本となったのは絵踏である。絵踏とは、どういうものだったのだろうか。昭和九年（一九三四）、下島南部の崎津に教会が建設される際、ハルプ神父の強い希望で、キリシタン弾圧の象徴として、江戸時代に絵踏が行われた崎津村庄屋の屋敷跡が教会の建設場所に選ばれたことは有名な話しである。

崎津村の絵踏について、明治十五年（一八八二）ごろ大江・崎津・今富の村々を廻った崎津教会のフェリエ神父は、次のように記録している。

絵踏、または影踏とは、迫害当時において、キリシタンでないことを証するために、役人の前において聖画を踏ませられることであって、これを拒む者はキリシタンとして役人の調べを受けるのである。わが崎津においては、主にもとの庄屋の家においてこれが行われ、明治の初年においては元の玉木の跡、今のサンジン丸の精米所のあるところに役場がありて、そこにて絵踏をした。また、今の宮広場において絵踏をしたる人もある。病人は旧紋付屋とその物置のある所に家ありて、そこに寝ながら絵踏をしたということである。旧の三月ごろ富岡より御本船というて、役人を乗せたる船が来ると庄屋の家より触があって、村民は服装を正し、庄屋の家に集まるのである。役人は通常、「御殿様」と呼ばれ、四、五人にて、今本渡の女学校に転築された元の庄屋の家に集まるのである。役人は皆縁側の脇息にもたれて腰掛け、村民は名ある人より順に従って絵を踏むのである。絵は四尺ほどの板の真中に付けられ、人はその絵の上を踏んで通るのである。通る時は腰曲げ、頭下げ、両手を顔の下に挙げて進めば、役人は眼を鋭くして、素通りする者はないかと調べるのである。この地の人々は大概、古キリシタンなれば、絵を踏むことを恐れ、できるだけ脇を踏みて絵に触れぬようにするけれども、役人の吟味ひどきため、恐れて踏む者が多いのである。また、子供は親より絵を踏むなと勧められたれば、絵を踏まぬように努むる。けれども役人が絵を踏まぬ者は刀にて切り殺すなどと脅したから、恐れて踏んでいた。もとよりキリシタンの恐れのある者は、二度または三度も踏み直させられた。この絵踏の時に頭銭というて、一人前三文、四文のお金を取りたりという老人あれど、確かといわれない。踏みし絵をピカピカと光って恐ろしく、土足にて踏めども汚れずと、ある老人は語った。絵踏した人は庄屋の帳面に名を記されるのである。

文中の「庄屋の家」が崎津村の世襲庄屋吉田家のことである。この庄屋屋敷で絵踏が行われた。現在は崎津教会となっている。紋付屋は吉田家の隣りの旅籠である。「元の玉木の跡」とは、唐通詞であった玉木氏の屋敷跡のことである。羊角湾には、よく唐船（中国船）が漂着するため、崎津には中国語の通訳が置かれていた。唐通詞については、あとでふれよう。

　江戸時代の絵踏も、神父が記録した明治初年の状況とそう大きな違いはないだろう。絵踏は確かに厳しい。信者にとって苦痛であったろう。しかし、絵踏は、ハルプ神父の言うような「キリシタン弾圧の象徴」というようなものではない。現実にフェリエ神父が記録した住民の九十二%を占めたという潜伏キリシタン村落は、明治初年にいたるまで、大きな処罰を受けることなく絵踏をやり過ごしてきた。

第二章　潜伏キリシタン村落は、どうして発覚したのか

天草下島西海岸の村々において、潜伏キリシタンの存在が表に出てくるのは、寛政十年（一七九八）ごろのことである。天草において潜伏キリシタン事件が起きる少し前、寛政二年（一七九〇）には、長崎に隣接した浦上村でも十九人の潜伏キリシタンが摘発される事件（浦上一番崩れ）が起きている。なぜ、江戸時代の後期、十九世紀にさしかかる時期に潜伏キリシタン村落の存在が明るみに出て、事件化したのであろうか。

1　接近する外国船

長崎に近く、東シナ海に面した天草下島の西海岸は、沖合を外国船が往来し、頻繁に接近・漂着している。長崎に来航する外国船が増加する節目となる寛政期（一七八九～一八〇一）には、禁教（キリスト

教の禁止）という国家の大原則も揺れ始める。

天草にできた幕府直轄の遠見番所

十九世紀にさしかかる寛政期（一七八九～一八〇一）は、特に長崎に来航する外国船が増加し、対外的な危機が顕在化する時期である。寛政十年（一七九八）八月、幕府が、沖合を外国船が往来する天草下島南部の羊角湾へとつづく大きな湾入部の入り口、牛深に長崎奉行直轄の遠見番所を作るように命じたのは、その現れである。

寛政期における長崎周辺の対外問題の推移を少し年表風にみておくと、幕府は、寛政三年（一七九一）に、諸藩に対し外国船が渡来した際の対応方針を通達している。その前年には、長崎に隣接した浦上村で十九人の百姓が邪宗信者として密告される事件（浦上一番崩れ）が起きている。

周知のように、幕府は、長い間、長崎においてオランダと中国を貿易の相手としてきたが、寛政九年からは、アメリカなど外国とチャーター契約を結んだオランダ船が長崎に入港し始め、同十一年にはオランダ人が天草下島の富岡に上陸する事件が起きている。幕府老中が、沖合を外国船が頻繁に往来する天草下島南部の牛深に長崎奉行所直轄の遠見番所を作るように命じたのが寛政十年八月であり、翌年四月に完成している。

天草の遠見番所は、島原・天草一揆後の寛永十八年（一六四一）に富岡（現・熊本県天草郡苓北町）・大江崎・魚貫崎（以上、現・天草市）に、享保二年（一七一七）には崎津・牛深（以上、現・天草市）に設置され、島民が地役人として配置された。

このように天草下島の西海岸には江戸初期から外国船を監視する遠見番所が設置されているが、寛政期に入って幕府は、長崎の南方海域における監視能力の不備を感じ、天草下島の南部で大きく湾入し、外国船も往来の目当てとしている海域に着目した。幕府は、羊角湾へとつづく湾入部の入り口に位置する牛深に長崎奉行直轄の遠見番所を設置し、外国船の監視・取り締まり、外国船・薩摩がらみの抜荷の取り締まりの強化をめざした。

天草下島西海岸の南端に長崎奉行所の出先機関が設置されたことになる。長崎奉行所の牛深番所が完成し、活動を始めるのは寛政十一年四月のことであるが、その直前、同年三月に島原藩の富岡役所は、潜伏キリシタンの存在を意識したような通達を出している。

通達は、島民を仏教不信心に陥れ、「騒動」に加担させるような宗教活動を禁じたものである。富岡役所は、深刻化している村々の格差対立・騒動が「切支丹宗門」を勢いづかせ、さらなる仏教不信心による社会不安を招きかねないとの判断のもとで通達を出したものである。

中国船の曳航賃金をめぐるキリシタン漁民の騒動

こうした折、下島南部の羊角湾の入り口に位置する崎津村においてキリシタン漁民たちの騒動がもち上がった。漂着した唐船（中国船）を曳き船で長崎まで曳航していった際の賃金をめぐる騒動である。この賃金を援賃金といった。援賃金。聞きなれない言葉である。その起源は古い。

正保四年（一六四七）、長崎にポルトガル船が入港した。当時、幕府はポルトガル船の日本来航を禁じ、ポルトガル船の襲来に備えて九州を中心に沿岸警備を強化していた。そこで幕府は全国諸藩に対して、正保四年のポルトガル船の長崎来航を機に、日本と外交関係にあるオランダ船と唐船（中国船）が漂着した場合、曳き船で長崎まで曳航することを義務づけた。天草では、こうした曳き船の義務を果たす浦方を「定浦」とし、独占的な漁業権を与えた。動員された漁民には賃金（援賃金）が支払われた。

崎津村は、広大な羊角湾の入り口付近の入江に位置している。水深の深い、天然の良港である。東シナ海に面した羊角湾へとつづく湾入部には、とにかく長崎へ向かう唐船が漂着した。崎津村の漁民たちは総動員で船を出し、漂着した唐船を長崎まで引っ張っていかなければならなかった。援賃金騒動のもととなった享和元年（一八〇一）に二艘、騒動が起きた同二年に二艘、その次の年にも二艘の唐船が漂着している。

享和元年冬には十一月二十四日に唐船が漂着し、つづいて十二月六日にも唐船が漂着している。二艘の唐船は十二月九日に崎津を出帆している。大型船を漁民たちの小舟で引っ張り、長崎まで曳航していくのである。唐船一艘でも崎津の漁民は総動員になる。この時も崎津の漁民と漁船は総動員だったことは言うまでもない。何しろ、二艘同時の曳航である。

唐船の長崎曳航は大変だったが、漁民たちの臨時収入にもなった。庄屋は唐船側から支払われた代金から諸経費を差し引いて漁民側に分配した。その金額が漁民たちが考えていたより大分少なかったのである。

そこから漁民たちが庄屋・年寄を突き上げ、村の会計帳簿の公開を求めた村方騒動が持ち上がった。さらに漁民たちは、庄屋の吉田宇治之助が、キリシタンの漁民を富岡役所に密告したと騒ぎ立てた。零細な漁民にはキリスト教信者が多かった。天草に潜伏キリシタンがいるらしいとの風聞の出どころの一つが、崎津村の漁民集落であったことは間違いあるまい。

島原藩は、この崎津村の騒動に目をつけた。崎津村の漁民たちにはキリスト教信者が多い。富岡役所は崎津村の騒動を取り調べ、これを口火にベールに包まれた崎津村の潜伏キリシタン組織を探索していこうとしたのである。

2　貧困ゆえのキリスト教信仰

「貧困ゆえに邪宗信者が多い」。こう指摘したのは、潜伏キリシタンの探索にあたった大江村江月院の僧侶、大成和尚である。江月院はこの地域の村々の檀那寺である。天草の貧困問題は、寛政期（一七八九〜一八〇一）にピークに達している。

檀那寺の和尚が見抜いた貧困問題とキリスト教信仰

天草下島西海岸の村々におけるキリスト教信仰の根底には、深刻な貧困問題があった。このことを見抜いていたのは、村々の檀那寺である大江村江月院の僧侶、大成和尚である。

大成和尚は、島原藩富岡役所が下島西海岸の村々のキリシタンを探索するにあたって、信仰の証拠となる仏像（異仏）の鑑定を行う「鑑司」として長崎の皓台寺から招かれていた。和尚の取調べはきびしく、やがて檀家の扱いをめぐって和尚は江月院で孤立し、邪宗信仰を内々に鎮静化させたいと考えていた高浜村庄屋の上田源作、今富村庄屋の上田友三郎の兄弟とも対立し、天草を去ることになる。

長崎に戻った和尚は、江月院の僧侶や上田兄弟に対する恨み、自身の活動への自負もあってか、天草でのキリシタン探索の内情を周囲にしゃべり始めた。当時、島原藩は、幕府に事件の扱いに関する伺い書を出す準備中であった。これ以上しゃべられたら困る。島原藩家老の羽太十郎左衛門は、長崎駐在の家臣を送って和尚の口止めをさせた。酒食でもてなされ、多少の金を握らされた和尚は、天草のキリシタン探索の内幕をぶちまけた。

「邪宗信者がいるのは、今富・大江・崎津の三ヶ村だけではない。高浜村にもいる。庄屋の上田源作がひた隠しにし、邪宗を三ヶ村だけの問題にしている」。和尚は鼻息を荒くした。話のはしばしに江月院の僧侶たちから反感をかった探索の厳しさをのぞかせた。

ただ、和尚には見識もあった。和尚は、キリシタン探索を通じてつかんだ現実の一端を語った。邪宗信仰の根底には村方の貧困問題があるというのである。「困窮より右宗旨（邪宗）信仰の者多く候」。和尚の言葉を原文で示したものである。大成和尚の邪宗信者を見る眼は確かであった。和尚が語ったのは、次のような内容である。

○大江村など庄屋・村役人による村の運営が非常にわがままで、下々の百姓の生活が立ち行かなるような取り計いが多い。

○結局、貧困ゆえに邪宗信仰の者が多くなっている。庄屋、そのほかの私欲の者たちの存在が、貧困を生んでいる。このことが、今回の宗旨穿鑿をやったことで分かってきた。

○しょせん、現状のとおりならば、いかなる名僧をもってしても、お上（島原藩）よりきびしく命令されなければ、邪宗の者たちが正法に復するとは思えない。

今富・大江・崎津三ヵ所の潜伏キリシタン村落は、三ヵ村それぞれに固有の格差問題を抱えていた。この点はおいおい説明することにするが、和尚がやり玉にあげている大江村には名子制度という古い身分格差が色濃く残っていた。

名子制度は江戸初期、全国的に存在している。名子は名子主のもとで小作に従事し、労働も提供した。江戸中期以降、名子の自立も進むが、天草では近代まで名子制度が持ちこまれている。

天草では村の正式構成員、いわゆる本百姓のことを頭百姓と称している。当時の大江村には四十九人の頭百姓がいたが、全員が名子主である。頭百姓以外の村民は名子だった。つまり、大江村は名子主の頭百姓と、大勢の名子をもって構成され、頭百姓と名子の間には厳然たる身分格差があった。

天草では庄屋は世襲である。年寄・百姓代といった村役人は、庄屋が頭百姓のなかから選んでいた。庄屋は世襲、村役人は庄屋の指名で頭百姓のなかから選ばれる。大成和尚がいうように、庄屋・村役人の「下々」に対する姿勢が悪くなる傾向は常にあった。

大成和尚のいう「下々」とは、名子などの下層・貧困層のことである。和尚の見るところ、潜伏キリシタンは、この下層・貧困層に集中していた。大江村の頭百姓と名子の関係は、天草の格差・貧困問題の縮図であり、また同時に、天草の潜伏キリシタン問題を発覚させる温床ともなっていた。

名子など下層・貧困層は慢性的に困窮状態にあった。彼らの不安・不満がキリスト教信仰を表立てることになった。

百姓救済法をめぐる百姓一揆

天草の社会も格差・貧困問題を放置していたわけではない。天草の格差・貧困問題は深刻さを増し、寛政期（一七八九～一八〇一）にピークに達している。そして寛政八年（一七九六）には、五十三年前までさかのぼって田畑・家財が取り戻せるという全国的にも異例な百姓救済法、「百姓相続方仕法」の成立をみている。「相続方」は「あいつづけかた」と読む。困窮した百姓に何とか生活を続けさせるにはどうしたらよいのか、という切実な問題への一つの取り組みだった。

百姓救済法を求めた歎願書によって天草の貧困問題の一端を見ると、総石高がわずか二万三千石余の天草において、享保三年（一七一八）に六万五千人であった人口が、寛政八年現在、十一万三千人余に増大し、「高不相応の多人数」になっている。「高不相応の多人数」とは、天草の貧困問題の根本原因として常套化している文句である。

困窮した百姓は、借金して年貢を納入したが、わずかな借金でも利子がふくれあがり、田畑を手放し、土地は銀主と言われる高利貸的な富裕者のもとに集中した。大成和尚がいう「私欲の者」とは、銀主のことをさしている。寛政期には天草の土地の三分の二が銀主のもとに集中したといわれる。

確かに天草の人口増加はすさまじい。島原・天草一揆で激減した天草の人口は、万治二年（一六五九）で一万六千人ほどであったが、その後一貫して増え続け、寛政六年（一七九四）に十一万二千人、文化十四年（一八一七）には十三万二千余に達した。全国的に江戸後期の人口が微増状態のなかで、天草の人口増加は驚異的である。

耕地が狭い天草での人口増加は、島民の貧困化と結びつけて語られることが多いが、人口がこれだけ増加するには、増加するだけの経済的条件、とくに海と山の多様な生業、干拓・段々畑にみる耕地開発、近海の交易などを基盤とした経済発展も考えられなければいけない。だが結局、経済発展の成果も銀主に集中した。

少数の銀主と大多数の貧困者という島の格差構造に手を入れないと、とんでもない暴動がおきかねない。しかも、寛政四年（一七九二）には雲仙普賢岳の崩落による大津波が有明海側の村々に押し寄せ、甚大な被害をもたらしていた。そこで翌寛政五年、大庄屋・庄屋と富岡役所は百姓救済法をめぐって試案をつくり、銀主を納得させ、まず第一次の仕法をつくった。

しかし、第一次仕法は、きわめて不十分なものだった。仕法は、利息の引き下げ、利息の上下限の設定、複利の禁止が中心であり、肝心な質流となった土地の請け戻しには全く触れられていなかった。不満は百姓一揆として噴きだした。中心となったのは下島西海岸の村々である。

寛政五年五月、同六年二月、同七年十二月には仕法への不満を訴え、生活支援を求めて騒動が起きた。そして寛政八年二月一日、下島西海岸の村々を中心に、下島から上島の一部に及ぶ郡中の百姓たちが、銀主への借財累積の窮状を訴える百姓一揆を起している。この広域的な百姓一揆が、本格的な百姓救済法を実現させる直接の契機になったことは想像にかたくない。

成立した異例の百姓救済法

第一次仕法を抜本的に改正して成立したのが、寛政八年（一七九六）の「百姓相続方仕法」である。それは、画期的な百姓救済法であった。主な内容は次のとおりである。

○五十三年前にさかのぼって元金だけで田畑・家屋敷・山林を取り戻せる。元金の返済は、十年前までの分は二十年賦、十年以上前の分は三十年賦とする。

○小作料を半分にする。

○地主の持高を居村・他村ともに十石以内とする。

質に入れた物が元金だけで返ってくる。しかも五十三年前までさかのぼって適用される。天草の百姓相続方仕法は、確かに全国にも異例で画期的な困窮百姓の救済法だった。天草独自の徳政令だった。この救済法で救われた百姓は、大勢いる。

同時に、はっきりとした限界もあった。その日の暮らしもままならないような下層・貧困層にとって、たとえ元金だけで銀主に巻き上げられた田畑や家財を取り戻せるといっても、まとまった元金を用意することは容易ではない。元金を用意しようとすれば、新たに借金するしかなかったというのが実情であったといってよい。

たとえば天草最大級の銀主である下島御領村（現・天草市）の石本家の集積田畑のうち、上島の今泉村（現・上天草市）において請け戻されたのは、十一筆のうちわずかに二筆に過ぎない。石本家は仕法を受けて貸金額の四分の一を放棄しているが、同家の田畑は減少するどころか、拡大する一方だった。したがって百姓救済法で恩恵を受けた百姓も少なくなかったが、天草の社会の底辺には救済されない下層・貧困層が広範に滞留していた。

騒動のなかで表面化した潜伏キリシタン

村の貧困問題は解決されずに残った。その傾向は、百姓一揆がつづいた天草下島西海岸の村々に顕著であった。江月院の大成和尚は、潜伏キリシタンの探索と教化のために下島西海岸の村々を廻るなかで、村々の下層・貧困層が日々の生活の苦しさをキリスト教信仰に救いを求める現実に接していた。「貧困ゆえに邪宗信者が多い」という和尚の指摘は、潜伏キリシタン村落の現実であった。

そして村々の下層・貧困層が、生活救済を求めて百姓一揆を起し、信仰への傾斜を強めるなかで、天草下島西海岸の村々における潜伏キリシタンの存在が風聞され、表立ってきたのである。

第三章　潜伏キリシタン村落に送り込まれた庄屋

天草下島西海岸の潜伏キリシタン村落の探索は、享和二年（一八〇二）十二月、島原藩が今富村に新たな庄屋を送り込んだことで本格化する。

世襲庄屋を基本とする天草の村々において、島原藩が、潜伏キリシタン村落に息のかかった庄屋を送り込むまでの一年十一ヵ月の過程をみていこう。

1　仕組まれた世襲庄屋の交代劇

二つの庄屋屋敷

今富村は、下島の南西部に位置している。下島南部には大きく湾入した羊角湾が東西に広く横たわり、羊角湾に向かって山々が海岸まで迫ったリアス状の地形をなしている。羊角湾の北側入り口近くに崎津村が位置し、崎津村の奥と東隣りに今富村が位置している。

今富村も崎津から湾入した入江の奥に集落が位置しているが、入江一帯は古くから耕地化し、干拓地となっている。入江の奥部は中央に山の尾根筋が伸び、尾根筋をはさんで東側に大川内川、西側に西川内川が流れ、尾根筋の先端近くで合流し、羊角湾に注いでいる。

今富村の集落は、尾根筋の両側の迫地状の地形に分布している。実際、現地では集落のことを「迫」と称している。尾根筋の西側、西川内川沿いの集落の先端に今富神社が位置し、集落の中心である下(志茂)、松の川内、西川内の集落が並ぶ。尾根筋の東側、大川内川の川沿いに点々と小さな集落があり、奥の山際にかけて大川内の集落が位置している。

山々が海岸まで迫った天草の地形のなかでは入江の耕地化が進み、一戸当たりの田畑は二反五畝程度と浦方の村としては広い方であるが、今富村は海岸近くに立地しながら、漁業ができなかった。天草では定浦制度といって、崎津村のような特定の浦方(定浦)でないと漁業ができなかったからである。

ところで、天草の村々を廻ると、江戸時代の庄屋の屋敷跡は一目見てそれと分かることが多い。村の中央部の小高い場所に位置し、周囲を立派な石垣・石塀で囲ってある。現在もその屋敷に住んでいる家筋も多い。

筆者も今富村を調査した際、まず庄屋屋敷とおぼしき場所を探してみたが、これが分からなかった。そこで紹介してもらった古老の方に案内してもらって、やっとたどり着いた。古老の先祖も潜伏キリシタンだったという。庄屋屋敷は残されていた。案内してもらうと、山際のそれらしい場所である。しかも、二ヵ所の庄屋屋敷が並んで残されている。

海岸部の方から今富村の集落に近づくと、すぐに今富神社が見えてくる。神社の左手、西川内川の川沿いに進むと村の中心である下の集落に出る。下の集落の左手、山際に今富村の世襲庄屋であった大崎家の屋敷跡がある。そして大崎家の屋敷跡に隣接して、もう一つの庄屋屋敷跡が認められる。大崎家にかわって今富村の庄屋となった上田家の屋敷跡である。

大崎家の屋敷跡は説明を受けないと、これが今富村の世襲庄屋の屋敷跡とは分からない。それだけに庄屋の交代劇、断絶した世襲庄屋の悲哀のようなものを感じさせる。正直なところ上田家の屋敷跡は格段に立派である。屋敷跡には泉水の跡も残されている。

上田家は天草では知られた家筋である。陶石の原石脈を有し、陶磁器で財をなした銀主であり、高浜村の世襲庄屋の家筋でもあった。二つの庄屋屋敷跡には、島原藩富岡役所が仕組んだ世襲庄屋の交代劇があった。

享和元年（寛政十三年、一八〇一）正月二十八日、今富村庄屋の大崎吉五郎が死去した。三十歳前後の年齢だったと思える。あとには、わずか三歳の幾太郎が残された。富岡役所はこの機会を見逃さなかった。

大崎家は江戸初期からつづいた世襲の庄屋である。これまでにも何度か世襲の困難はあったであろうが、今回は時期が時期である。幾太郎も余りに幼い。大崎吉五郎が死去すると、迫ごとに、あるいは今富村全体で寄合が開かれ、大崎吉五郎のあとの庄屋をどうするか、連日のように話し合いがもたれたはずである。

村の寄合では、幾太郎が成人するまでの十数年間をどうするか、どのようにしのぐか、という方向で話し合いがつづけられたと思える。大崎家の親戚筋が庄屋代（庄屋代行）となり、幾太郎が十五、六歳になれば庄屋後見を置き、大崎幾太郎を一人前の庄屋に仕立てていく。こういう方策が妥当なところであった。

ところが、そうはならなかった。富岡役所が認めなかったからである。今富村では八ヵ月間、庄屋不在の状態がつづくことになる。

先手を打った今富村

大崎吉五郎の死去から三ヵ月ほど経ったころのことである。享和元年四月二十二日、今富村の三人の頭百姓が、高浜村庄屋の上田源作（源太夫とも、諱は宜珍）のもとに訪れている。

頭百姓の源蔵・兼助・寛蔵の三人である。頭百姓とは、一般にいう本百姓のことである。彼らのなかから年寄・百姓代など村役人が選出された。庄屋が世襲なだけに、村役人を交替させることでバランスがとられていた。

頭百姓の三人は、上田源作に今富村の庄屋を兼帯してもらえないかと打診した。源作は、「即答できず、なるだけお断りしたいと申し聞かせ、引き取ってもらった」と日記に書いている。大崎吉五郎が死んで三ヵ月も経っている。この間にはさまざまな動きがあったはずである。今富村の頭百姓が、上田源作に庄屋兼帯を打診したということは、今富村の寄合が決めた方針、庄屋代行・庄屋後見を置くことで、ゆくゆくは大崎幾太郎に庄屋を相続させるという方針が、富岡役所に拒否されていたことを意味する。

今富村に庄屋世襲の危機が訪れた。同時に、今富村の潜伏キリシタン組織が富岡役所の手入れを受けそうな気配もあった。実は、上田源作のもとを訪れた三人の頭百姓のうち兼助は、西川内の潜伏キリシタン組織の幹部だった。今富村の潜伏キリシタン組織は迫（集落）ごとに存在しているが、最大の組織が西川内の迫である。

次善の策としては、富岡役所が何か注文をつけてくる前に先手を打つしかない。大崎家の親類筋による庄屋代行・庄屋後見が認められないならば、他村の庄屋に今富村庄屋を兼帯させ、当座をしのいで、幾太郎につなげていくしかない。隣村を見廻した時、兼帯を任せられそうな庄屋は高浜村庄屋の上田源作しかいない。源作であれば、白木河内を中心とした村内の潜伏キリシタンに対して、穏当な教化策で対処している。

西川内の迫中は、富岡役所のキリシタン探索が今富村に迫っていることを感じ取っていた。そこで迫中の寄合が持たれた。庄屋がいないという状況のもとで、事態に対処するには、行政手腕に定評があり、村内の教化策で成果をあげている高浜村庄屋の上田源作に、当分の間、今富村の庄屋を兼帯してもらうのがいいのではないか。このように西川内の寄合で取り決め、村寄合に提案したものと思える。村寄合も賛成し、源蔵・兼助・寛蔵の三人が、源作の感触を確かめるために派遣されたとみてよい。

実は、富岡役所も手を打っていた。同じようなことを考えていた。しかし、富岡役所は、もう少し先まで見据えていた。今富村の頭百姓が上田源作のもとを訪れる一ヵ月半前、富岡役所は、源作の弟、上田友三郎を取り立てている。役所は、三月一日に上田友三郎を高浜村庄屋の見習とし、同十三日には大江組大庄屋のもとでの見習実務を命じている。明らかに富岡役所は、上田友三郎を庄屋として独立させることを考えていた。

一年後ぐらいを目途に上田友三郎を庄屋につける。対象はいうまでもあるまい。今富村である。上田友三郎を庄屋につけるまで、兄の源作に今富村庄屋を兼帯させる。高浜村庄屋上田源作の今富村庄屋の兼帯、そのあとの上田友三郎の今富村庄屋への就任、これは富岡役所の既定路線であった。上田友三郎（のち演五右衛門・養右衛門、諱は定温）は、安永三年（一七七四）七月の生まれ。この時、二十八歳であった。

さて、今富村の頭百姓三人が上田源作のもとを訪れた三ヵ月後、享和元年六月十九日、今度は今富村の年寄・年寄代の三人が、源作のもとを訪れている。庄屋がいないので、彼らが村の執行部だった。用向きは源作の今富村庄屋兼帯の件である。源作が改めて申し出を断ると、今富村の三人は次のように源作に言った。「庄屋兼帯のことは富岡役所に願い出ている。役所から命じられるのであれば請けていただけないか」。三人は、「是非ともこの話しは受けていただきたい」と言って帰った。

今富村の村役人が、上田源作のもとを訪れたのは、庄屋の大崎吉五郎が死去してから半年後のことである。今富村としては、大崎吉五郎の遺児、幾太郎の将来を担保する方策を最後まで探り、富岡役所への陳情を重ねたものと思える。しかし、富岡役所は、幾太郎の将来への担保を与えなかった。

富岡役所は、今富村の村役人を言いくるめて、上田源作に今富村の庄屋兼帯を依頼する願い出を役所に出させていた。

島原藩による今富村の庄屋人事

今富村としては、苦渋の選択だった。庄屋の大崎吉五郎が死去して半年、村は、しぶしぶ富岡役所への手続きを取った。享和元年七月七日、富岡役所は今富村からの願書が揃うと、藩当局にこの庄屋人事を申請した。「ともかく十数年我慢すれば、幾太郎も庄屋に就ける年齢に達する。上田の庄屋兼帯は当座のことだ」。これが今富村側の本音だった。

富岡役所の代官は、上田源作に庄屋兼帯の内意を伝えている。内意とは、島原藩当局の意向ということである。代官は、「今回の人事を島原に申し上げた。心労は察するが、ここは忠義だと思って請けてくれ」と源作に言った。「忠義」という言葉には、島原藩が、問題の多い下島西海岸の村々に対し、上田源作・友三郎兄弟を軸にした村方の建て直し策を考えていたことを想定させる。百姓救済法後の下層・貧困百姓の対策、潜伏キリシタンへの対応は、村の建て直し策の根幹だった。つなぎ的な庄屋では事態は乗り切れない。

上田源作は、今富村の村役人が源作のもとを訪れる前日、六月十八日から高浜村内で準提観音の印施を始めている。準提観音とは、無数の諸仏諸菩薩の母なる観音とされている。この観音を念ずる者は、息災・延命・求児・除病の願いがかなったという。印施とは、この準提観音の尊像を版木に彫り、紙に摺って村内の家々に配布することである。源作の自腹だった。

源作の行動に政治的な意味合いは感じない。ともかく、村内に目立っている邪宗の芽を早く摘んでおきたいとの思いだった。源作は、準提観音の御札を家々に配布することで、村内の邪宗克服を願った。こうした源作の行動が、富岡役所の思惑と重なったことは確かである。富岡役所は源作の指導力に期待していた。

今富村の村役人の三人が源作のもとを訪れ、兼帯の依頼を頼み込むのは、源作が準提観音の御札を配り始めた翌日のことである。上田源作が、富岡役所において正式に今富村庄屋兼帯を命じられたのは、それから二ヵ月半後、享和元年九月一日のことであった。上田源作の庄屋兼帯も、決してスンナリとは運んでいない。村内にはなお、よそ者に庄屋を任せることへの不満がくすぶっていた。

2　島原藩が送り込んだ庄屋

一筋縄ではいかない今富村

今富村の庄屋兼帯となった上田源作は、早速、今富村でも準提観音の御札を配り始めた。そして、もう一つの教化策をとった。高浜村と今富村において東向寺の受戒者を集めるという方策である。平たく言えば、仏の弟子にするという東向寺の儀式に参加させる、というものである。源作の日記によると、享和元年（一八〇一）十月八日、源作は妻の実家で行われた仏事において、東向寺の天中和尚と出会っている。

東向寺は、島原・天草一揆のあと、天草西部の曹洞宗本山として本渡（現・天草市）の近郊に創建された。今富・大江・崎津などの村々の檀那寺、大江村の江月院の本山にあたる。源作は東向寺の新しい住職となった天中和尚に魅かれるものを感じた。源作は、和尚に「準提観音の御札を配るだけでは邪宗信者の者たちがどの程度改心したのか心もとない」と悩みを打ち明けた。すると和尚は、「それでは、十一月八日から始まる寺の受戒式に参加させ、仏の弟子にしなさい」、こうしたアドバイスをしたようである。

源作は即実行している。募集期間は一ヵ月である。源作は、精力的に高浜・今富両村を廻り、十数日の間に高浜村では百三十二人を集めている。しかし、今富村ではなかなか集まらなかった。わずか十六人にとどまった。集まったのも仏教信者だったろう。源作も今富村については、「兼ねて仏教不信心の在所なので、どうしたものか」と思案している。今富村における源作の教化策は手づまりをみせていた。

上田源作の今富村庄屋兼帯は、それから一年余つづいている。富岡役所では今富村には兼帯でなく専任の庄屋を考えていた。今富村の潜伏キリシタン対策が、一筋縄ではいかなかったからである。源作の教化策は、高浜村ではある程度うまくいっても、今富村ではほとんど効果がなかった。

享和二年十一月二十三日、上田源作は、今富村の全村民を村会所に集めた。今富村の兼任庄屋を去るにあたって、全村民に向け最後の申し渡しをするためである。源作は、いくつかの訓示をしたあと、次のように申し渡した。「邪宗に似たような信仰や振舞いがないようにせよ。また、牛を殺したり、皮を剥いだりしているのを見かけ、申し出た者には銭五百目を褒賞として与える。また、皮を剥いだ者の田畑を与える」。

この時期になると、村内では牛殺しの噂がささやかれ、潜伏キリシタンの存在も表立った状態になっていた。富岡役所では、こうした状況に対処するため、すでに上田源作の弟、友三郎を今富村の専任の庄屋として送り込むことを決定していた。

源作は、村民への申し渡しを終えると、大崎屋敷に向かっている。そして、当時四歳であった大崎幾太郎に小脇差を手渡している。源作は、日記に「小脇差一腰、幾太郎殿へ進上す」と書いている。小脇差は庄屋に認められた特権である。庄屋の権威を象徴する小脇差を大崎幾太郎に与えたのである。源作とて複雑な思いであったろう。「できればこの幼子に庄屋職を譲ってやりたかった。自分としては、その思いで庄屋の兼帯を引き受けた。それができなくなった。どうかご健勝で、時節をお待ちください」。そういう思いが、この小脇差には込められていたように思える。

送り込まれた庄屋

享和二年（一八〇二）十二月八日、島原藩富岡役所は、高浜村庄屋上田源作の弟で、源作の養子になっている上田友三郎に役所への出頭を命じた。上田友三郎は、大竹仁左衛門以下、富岡役所の役人が列座するなかで今富村の庄屋に任じられた。

もう一度事実関係を整理しておくと、今富村の世襲庄屋である大崎吉五郎が死去したのが享和元年正月二十八日であり、高浜村庄屋の上田源作が今富村の庄屋兼帯となるのが同年九月一日であった。上田友三郎が今富村の庄屋となるのは、大崎吉五郎が死去してからほぼ二年後のことである。

十二月十七日、上田友三郎は今富村に赴いた。友三郎は、まず庄屋屋敷の建築場所を見て廻っている。今富村の入り口に村の氏神が位置している。友三郎は今富社の近くに屋敷を考えた。ところが、村側から要望が出されている。「元の庄屋屋敷の北隣りを屋敷地としていただきたい。村中はいうまでもなく、大崎家の親類衆も望んでおられる。村中で熟談して決めたことです」。

こうして上田友三郎の庄屋屋敷は、これまでの世襲庄屋であった大崎家の隣りに設置されることになった。二つの庄屋屋敷の跡地は今も並んで残っている。思うに、今富村の村民や大崎家の親類衆は、大崎家のすぐ隣りに庄屋屋敷を置き、友三郎に大崎幾太郎の日々の成長を見せながら、幾太郎が成人した暁には、庄屋を禅譲してくれることに望みをかけたものといえる。

富岡役所において、今回の庄屋人事を主導したのは大竹仁左衛門である。大竹は、一年余の上田源作の庄屋兼帯をみて、改めて今富村には専任の庄屋が必要だと判断した。庄屋が村方に居住し、腰を据えて村内のキリシタン取り締まりに当たる必要を感じていた。

上田友三郎は、庄屋就任からほぼ一年後、享和三年十二月十七日、富岡役所の大竹のもとを訪ね、今富村のキリシタン探索の模様を報告している。大竹は、友三郎の話しの要点を書きとめながら、次のように語った。

「これまでの探索はよくやっている。村を正道に戻すという気持ちで取り締まりにあたって欲しい。お主は、邪宗の取り締まり、この一点で今富村に送られたのだから、ひたすら心掛けるようにせよ」。大竹の文句の後段を原文で示せば、「この一件のみにて今富村へ差し越し遊ばされ候儀に候間、専らに心懸け候様仰せ聞かされ候」となる。

上田友三郎は、今富村のキリシタン取り締まり、「この一件のみにて」今富村の庄屋として送り込まれていたのである。友三郎が今富村庄屋として活動を始める享和三年から翌文化元年（享和四年）にかけて、今富村を中心に天草下島西海岸の村々におけるキリシタン探索が本格化することになる。

地元では今も上田家による今富村庄屋の「乗っ取り」の話しは絶えない。幼い大崎幾太郎は親類筋の崎津村庄屋の吉田家に移り、そこで養育されたという。やはり、とって代わられた庄屋の隣りでは住みづらかったのであろうか。

悲運は重なるものである。大崎吉五郎の死から三年後、文化元年（一八〇四）七月二十五日、幾太郎は六歳で死去している。大崎吉五郎と幾太郎の父子は、今富の地に同じ墓で眠っている。

第四章　庄屋のキリシタン探索日記

今富村庄屋に送り込まれた上田友三郎は、庄屋に就任してから十ヵ月後の享和三年（一八〇三）十月から日記を書き始めている。半年に及ぶ今富村庄屋のキリシタン探索日記をみていこう。

1　核心に入った村の探索

今富村庄屋のキリシタン探索日記

享和二年（一八〇二）十二月、今富村の庄屋となった上田友三郎は、建築途中の庄屋屋敷近くの村会所で勤務するかたわら、新任庄屋として村内を廻り、ひそかに村内の潜伏キリシタンの内偵を始めた。友三郎が新築された庄屋屋敷の母屋に入るのが享和三年二月である。同年三月には﨑津村の中国語通訳、唐通詞の奥田舛貞がキリシタン探索の隠密として﨑津村居住を命じられている。また、キリシタン探索と仏像（異仏）の鑑定にあたる江月院の鑑司として長崎皓台寺から大成和尚が招かれるのも、同じ三月である。村方のキリシタン探索が、いよいよ始まったという感じである。

上田友三郎の庄屋としての最大の任務は、村内のキリシタン探索・取り締まりにあった。そうした意識で迫々を廻ると、何となく気配は感じられるものである。友三郎は村内の内情を把握することに努めた。友三郎が探索日記を書き始めるのは、庄屋就任から十ヵ月後の享和三年十月からである。このころになると、友三郎は、迫（集落）ごとの人物関係をだいたいつかんでいた。

明治十五年（一八八二）ごろ、大江・崎津・今富の村々を廻った崎津教会のフェリエ神父は、今富村の迫々のキリシタンについて次のように記録している。

今富村 — 大川内、西ノ川内、片白、中山、仏ノ平、大山の迫々、合わせて字数（戸数）二百七十四軒ばかり。そのうちゼンチョー（異教徒）は三十三軒ばかりなり。西ノ川内と中山はキリシタンもゼンチョーもうち混ぜにして、余はみなキリシタンなり。この村において水方二人あり。すなわち、オサキ　タツゾー（大崎辰三）、ならびにトクジ（徳次）、これなり。水方タツゾーは、はなはだ優れた水方なり。またトクジは山伏なり。

フェリエ神父は、明治十五年ごろ、今富村の総戸数二百七十四戸のうち、キリシタンが二百四十一戸、異教徒（仏教信仰の者）が三十三戸としている。総戸数の約八十五％がキリシタンだったことになる。大江村や崎津村ほどではないにしても、大変な信者の割合である。当時、村内には洗礼を授ける水方が二人いた。当時の水方は大江村に六人、崎津村に多数の水方がいた。二人という水方は、潜伏キリシタン組織を維持するうえで最低次元の人数であったろう。

現在も松の川内の集落に水方屋敷跡が存在する。案内されないと、ここが水方の屋敷跡かと思うような現状にある。この水方屋敷跡がフェリエ神父のいう「オサキ　タツゾー（大崎辰三）」の家であろう。庄屋屋敷跡から北へ二百メートルほどの距離にある。村人たちの檀那寺である普済庵のすぐ近くの場所である。大崎の姓は世襲庄屋だった大崎家との関係を想定させる。親類筋であったろう。筆者も土地の古老の案内で水方屋敷跡を確認し、そこから山手に五十メートルほど上った湧水の場所に行った。水方が毎朝聖水を汲んだという場所である。

今富村おいて、最終的に邪宗信仰の心得違いの者とされたのは千四十七人である。村の総人数が千八百三十八人なので、潜伏キリシタンは総人数の約五十七％にあたる。戸数にすると割合は少し高くなっているので、今富村の潜伏キリシタンは総戸数の六割ぐらいだったことになる。

逆に言えば、総戸数の四割ぐらいは仏教信仰の正路の者たちだった。フェリエ神父は、「西ノ川内と中山はキリシタンもゼンチョーもうち混ぜにして、余はみなキリシタンなり」と記録しているが、文化二年当時の状況にみるかぎり、「みなキリシタンなり」という迫（集落）はなく、当時の今富村の迫は、「キリシタンもゼンチョーもうち混ぜ」にした状態にあった。狭い迫内でキリシタンとゼンチョーは日常の村落生活を送っていた。

友三郎がキリシタン探索において、まず力を入れたのは潜伏キリシタンの見極めではあるまい。むしろ、逆であったろう。仏教徒の「正路」の者を見極めたものと思える。確実に仏教信仰の者とみられる人物を見つけ出すことに努めた。情報を取るためである。

潜伏キリシタンの組織や信仰生活など上っ面から分かるものではない。しかし、村人なら分かる。迫で日常生活を送っている。五人組も組んでいる。何かが違う。何かこそこそやっている。あの家では定期的に集まりを持っている。友三郎は、そういう情報が欲しかったのである。

上田友三郎は、庄屋就任から十ヵ月たった享和三年十月ごろには今富村の潜伏キリシタン組織の大まかな状況をつかむに至っている。友三郎は、このころから探索日記を書き始めている。

中心人物の呼び出し

上田友三郎の探索日記は最初の数枚が破損していて、現存する日記は、享和三年十月二十日ごろから始まっている。江月院の大成和尚と、江月院の末寺、今富村普済庵の格道和尚が、西川内の集落において異仏探索にあたる場面である。友三郎が庄屋屋敷を構える集落が村の入り口に位置する下の集落、下の集落から川沿いに奥に進んだところに西川内の集落が位置する。

異仏とは、通常の仏像とは違う、何か邪宗信仰と関係がありそうな、疑わしい仏像のことである。なかには南蛮渡来の異仏もある。これは蛮国仏ともいった。異仏を持っている者は、潜伏キリシタン組織の中心的な存在、集会・講会（ミサ）の主宰者の可能性が高かった。

友三郎は、すでにこれまでの探索で「頭立ちの者」と呼ぶ迫ごとの潜伏キリシタン組織の幹部的な存在、疑わしき仏像の所持者のリストをつくっていた。友三郎の探索日記のはじまりを見ると、破損・磨滅した文章の間に、「伴助・太郎左衛門、庵へ御呼び寄せ、異見」と読める。

大成和尚と格道和尚は、伴助・太郎左衛門、それに用兵衛を加えた三人を庵に呼び寄せ、仏像を持っていることを正直に申し出るようきびしく意見した。「庵」とは、大江村の江月院の末寺である今富村の普済庵のことである。友三郎の庄屋屋敷から二百メートルほど上ったところにある。

西川内の伴助・太郎左衛門・用兵衛の三人は信者組織の中心的存在であり、疑わしい仏像の所持者とみられていた。実は、あとになって太郎左衛門の供述から明らかになるが、三人は緊密に結びついていた。

太郎左衛門は、代々信仰対象の仏像を受け継いでいた本家筋の人物である。伴助は太郎左衛門の兄庄次兵衛の婿養子である。つまり、太郎左衛門と伴助は叔父と甥の関係にあった。伴助は庄次兵衛の跡を相続し、仏像も譲り受けていた。用兵衛は、太郎左衛門の父、孫助から信仰を伝えられ、仏像を譲り受けている。

太郎左衛門と伴助、これに用兵衛を加えた三人は、代々受け継いできた信仰の仏像を持つ、村全体の指導者的な存在であったとみてよい。とりわけ本家筋の太郎左衛門は、年齢的にみても今富村の潜伏キリシタン組織の長老的な存在だった。

今富村のキリシタン探索は、核心に迫っていたのである。日記には少し間を置いて、「一向思いも寄らず」との文字が見える。太郎左衛門・伴助・用兵衛の三人は、大成と格道の両和尚に対して、「邪教信仰など思いもよらぬことでございます」としらを切った。

探索日記は、三、四文字の間を置いて、「何方難」の三文字が見える。大成と格道は、しらを切る太郎左衛門・伴助・用兵衛の三人を説諭して、何とか自発的に仏像を差し出させようとした。しかし、あくまでもしらを切られ、これ以上の説諭は無理だと判断していたことをうかがわせる。

仏壇を探せ

信者組織の中心的人物が仏像を持っていることを認めず、あくまでもしらを切り通す。予想されたことである。ならば、連中に動かぬ証拠をつきつけ、証拠物を押収しなければならない。

友三郎の探索日記では、前後が破損した文章の間から「広道僧、種右衛門へ提灯を持たせ」との文字が見える。広道は本寺の江月院から普済庵へ応援に派遣されていた僧であろう。大成和尚と格道和尚は、種右衛門に提灯を持たせ、広道らをともなって西川内の三人のもとへ仏壇改めに向かった。

提灯を持つ種右衛門は蛤潟の非キリシタン、正路の者である。蛤潟は、庄屋屋敷のある下の集落の南、海手の側に位置する。干拓地にできた集落である。蛤潟にも潜伏キリシタンはいたが、正路の者が多かった。種右衛門は確実に探索方の手に落ちていた。

一行は普済庵を出た。普済庵は山手の小高い場所にある。現在も小さな御堂が建っている。無住の寺であるが、よく手入れされている。檀那寺をめぐる時の流れを感じる。寺の裏手には今富村の庄屋として入り込んだ上田家の墓所がある。大崎家にとって代わった庄屋家が地元に根づこうとした跡のように思える。

現在でも川沿いの一本道は狭い。提灯を燈しても足元はおぼつかない。数人の僧侶たちは、土地の百姓に提灯を持たせ、西川内に向かった。暗闇のなか、坊主の一団が足早に奥地に向かっている。異様な光景ともいえる。普済庵から川沿いの一本道を迫地の奥に進むと西川内の集落である。まず向かったのは用兵衛の家である。

僧侶らの一行は、用兵衛の家の戸口に立った。そんなに遅い時刻ではあるまい。夜の七時か八時ごろであろう。用兵衛は、まさか家宅捜索を受けるとは考えていなかったようである。用兵衛の女房があわてて仏間に入り、何かを取り出して娘の懐中に入れた。

残念ながら日記はそこで破損しているが、つづきの文章を見ると、僧侶たちは用兵衛の娘の懐から物を出させ、その場で大成和尚に見せた。大成は異仏鑑定の専門家である。後日くわしく鑑定しても、どう見ても「常の仏」にしか見えなかった。最初の仏壇改めは空振りに終わった。用兵衛は、本家筋の太郎左衛門の父親から譲り受けた仏像を持っていた。これは隠していたとみえる。

次に、一行は太郎左衛門のもとに向かった。太郎左衛門の家でも仏間が探索された。仏壇にあったのは地蔵観音のような仏像だけであった。これも、どうみても異仏ではない。またしても空振りである。

ついに見つけた異仏

残るは、伴助の家である。伴助の家の捜索が結果的に重要となった。あとで述べるように、島原藩は天草の邪宗一件を幕府に届け出る際に、窓口となった旗本の指導でリストアップした百姓の個人名を全て削除しているが、邪宗を証拠立てる仏像所持の三人の名前だけは残している。三人のうちの一人が、この伴助だった。

伴助の家でも僧侶たちは、すぐに仏間に踏み込んでいる。伴助の仏像は少し違って見えた。「いたって古い銅細工の仏像であり、異なっている由」と、友三郎は探索日記に書いている。のちの村方での取り調べでは南蛮伝来を思わせる蛮国仏が出てきているが、家宅捜索で出てくることはまずない。その意味で押収した伴助の仏像は重要であった。

僧侶たちは、用兵衛・太郎左衛門の家でほぼ空振りに終わったが、伴助の家でやっと異仏らしき物を見つけ出した。僧侶たちは、この仏像を押収し、普済庵に持ち帰った。大成和尚は、改めて仏像を子細に見た。疑わしいと感じたのであろう。「伴助を呼べ」、ということになった。大成和尚は、「これは邪宗に関わる仏体ではないか」と尋ねた。伴助はキッパリ否定した。「それは子供が遊びものにしていたものです」。

あとになって判明するが、伴助は、太郎左衛門の兄庄次兵衛の婿養子だった。代々信仰を受け継いできた本家筋の太郎左衛門の父親から教えを受け、分家筋に伝えられた仏像を譲り受けていた。大成和尚が見た仏像がこれである。和尚の鑑識眼は確かなものであった。

指導者的な信者たちの呼び出し

今富村庄屋上田友三郎は、庄屋就任から十ヵ月、日記を書き始める享和三年（一八〇三）十月のころには、だいたい今富村の潜伏キリシタン組織の幹部的な存在をつかんでいる。そして先に述べた江月院の僧侶たちによる仏像所持者の家宅捜索がなされると、友三郎は、十月二十六日と二十九日の夜、迫々（集落）の頭立ちの者を庄屋屋敷に呼んでいる。

まず十月二十六日には、西川内の太郎左衛門・伴助・用兵衛の三人に弥五平を加えた四人を庄屋屋敷に呼んだ。太郎左衛門・伴助・用兵衛は、数日前、江月院と普済庵の僧侶たちによって家宅捜索を受けた三人である。弥五平も西川内の信者組織の中心的人物の一人と目される人物である。

太郎左衛門は病気を理由に出てこなかった。友三郎は三人を屋敷の座敷に呼び入れた。天草において世襲庄屋の権威は高い。当時の言葉でいえば「役威」は大きい。庄屋屋敷は今も「役座」と呼ばれている。役座の座敷に坐らされて、かしこまっている三人の姿を想像できる。

上田友三郎が、急遽、西川内の四人を屋敷に呼んだのは、大成和尚がすでにこの四人を呼びつけて、きびしい取り調べを行っていたからである。和尚は末寺の普済庵にとどまっていた。大成和尚の取り調べはきびしいことで知られている。

友三郎は、「このままでは邪宗の風聞が立ち、表立ったことになる」と危惧した。何とか風聞を鎮めなければいけない。友三郎は、やってきた三人を教え諭し、仏教を信心する正路に向いてくれることを期待した。事を荒立てず、村を邪宗の風聞が立つ前の状態に戻す、これが友三郎の基本姿勢だった。そのためには追々の協力が必要である。頭立ちの者たちが追々を指導し、邪宗の風聞を立ち消えにしていく必要があった。

友三郎は三人に説いた。「大成和尚が不審な風聞を聞き及ばれて、その方どもを庵に呼ばれ、いろいろ聞き糺されたと内々聞いているが、それに相違ないか。こうした邪宗の悪風が風聞となって広まると表立ったことになる。今後は風聞を招かないよう、きっと正道を心がけ、まじないなどしないようにせよ」。

「まじない」とは、十字を胸で切ることとみてよい。友三郎自身も直に目撃していたのかも知れない。「まじないなどしないようにせよ」とは、内面は別にして、表面上は邪宗信者であることを一切出さないように努めよ、という注意に近い。

迫々の幹部の呼び出し

伴助・用兵衛・弥五平の三人は、西川内に戻ると、庄屋に呼ばれたことを話した。話しはすぐに迫々に伝わった。それが友三郎のねらいだった。そして三日後の享和三年十月二十九日の夜、友三郎は、迫々の信者組織の頭立ちの者とみなす十一人に呼出しをかけた。次の十一人である。

西川内　喜左衛門・善助・太郎左衛門・伝次兵衛
下　左平・利左衛門
蛤潟　与作・新兵衛
大川内　弥三右衛門・貞兵衛・円平

あとで見るように、友三郎が、潜伏キリシタン組織が存在するとみなした迫（集落）は、西川内・大川内・下・蛤潟・大山の五ヵ所である。大山を除く四ヵ所が尾根筋を挟んで迫地状に位置しているが、大山は離れた山中にある。だから友三郎は、まず西川内・大川内・下・蛤潟の頭立ちの者を呼んだ。

これらの迫は、大きな迫地状の今富村において、中央に突き出た尾根筋を挟んで西側に下・西川内・蛤潟が、東側の奥地に大川内の迫が位置している。西側の迫地では、庄屋屋敷のある下を挟んで北側に西川内、南側の海手に蛤潟の迫が位置している。

呼び出しを受けた十一人のうち、二人が他出していて不参であり、二人が名代を出していた。名代も潜伏キリシタンだった。喜左衛門の名代になった官蔵は庄屋の友三郎を補佐する今富村の年寄である。太郎左衛門は二十四日に病気を理由に不参を申し立てており、この日に呼ばれた。今度は応じざるをえない。

友三郎は、集まった者たちに諄々と説いた。迫々に影響力を持つ頭立ちの者たちを説得した。友三郎の説得は、ある程度彼らの胸にひびいたようである。効果はしばらくして現れた。

2　牛殺し事件

今富村庄屋上田友三郎のキリシタン探索は、思わぬ形で前進している。村内の迫の一つ、大川内において牛殺しが相次いで発覚し、これに機に友三郎の村内探索は進んでいくことになる。

大川内の牛殺し事件

享和三年（一八〇三）十一月八日のことである。大川内の貞兵衛・弥三右衛門・円平の三人が、年寄の平三郎のもとを訪れている。三人は、十日ほど前、庄屋の上田友三郎から呼び出しを受けた大川内の潜伏キリシタン組織の頭立ちの者である。

大川内には村の年寄の一人である政七がいるが、三人は政七でなく、平三郎のもとを訪れている。年寄の平三郎は大川内の者ではあるまい。平三郎は庄屋の上田友三郎の腹心的な存在である。平三郎から庄屋に伝えられることを見越した訪れである。大川内の三人は、平三郎に次のように語った。

この間（十月二十九日の夜）、庄屋から意見されたので迫内の取り締まりを図ろうとしました。すると、迫内の久次兵衛が、一町田村の葛川内から二頭の牛を買って大江村野中の茂作と茂吉に売り渡したところ、そのうちの一頭が行方知れずとなったことが明るみに出ました。迫中で久次兵衛を問いただすと、相違ないということでした。

行方不明となった牛が牛殺しと関係していた。上田友三郎の日記は、さらに次のようにつづいている。年寄の平三郎としては聞捨てにできず、庄屋の友三郎に報告した。そして平三郎は、村として久次兵衛の糾明を命じる考えを示した庄屋の友三郎に対し、「ここは迫中の取り計いに任せ、今後、このようなことが起きないようにさせ、もしまた不埒のことが起きたら、隠さず庄屋に申し出ることを約束させることで内々に収拾を図ってはどうですか」と提案した。久次兵衛はすでに過料（罰金）として迫中に銭三百目を支払っていた。友三郎も平三郎の提案を了承している。

以上が牛殺し事件に関する日記の記述である。銭三百目は「郡銭」という天草独自の通貨価値による罰金である。今風にいえば、一万円以下の罰金というところか。

迫という自治組織

牛殺しは、キリスト教信仰との関係でこれまでも何度か風聞されてきた。潜伏キリシタンが、信仰との関係で祝祭日に牛肉・鶏肉を神に供え、その肉を食べる習慣があると噂されていた。貞兵衛・弥三右衛門・円平の三人は、庄屋の友三郎から邪宗信仰の過ちを諭され、迫中の寄合で庄屋の話しを伝えたところ、牛殺しのことが明るみに出たのである。

ここで着目しておきたいのは、久次兵衛による老牛の売買ではない。「迫」という集落の自治的な性格である。潜伏キリシタン組織の頭立ちの者も迫の自治活動で積極的な役割を果たしている。

先に述べたように、十月二十九日、大川内の信者組織の頭立ちの者である貞兵衛・弥三右衛門・円平の三人は、庄屋の友三郎から呼び出しを受け、強く意見された。三人は、早速、迫中の寄合を開いている。寄合は信者だけが集まったのではない。仏教信仰の正路の者が半分近くはいる。寄合では「迫内取り締まり方」について話し合われた。そこで久次兵衛の牛売買・牛殺しの一件が明るみに出たわけである。

迫では、このことを村の年寄に知らせつつ、久次兵衛の処分については迫中に責任をもたせてもらいたいと申し入れた。そして実際、牛殺しの久次兵衛は、迫中に罰金を支払うことで一件は処理されている。

このように、大川内・西川内など今富村を構成する迫は、自治的な性格が強かった。迫中の住民はキリシタンばかりではない。半分近くが仏教信仰の正路の者である。迫は、潜伏キリシタン組織ともなりつつ、基本的に正路の者と潜伏キリシタンが日常生活を送る場であり、迫中として強い自治性を共有し、迫の秩序をつくっていた。

迫という、ある種、狭い閉ざされた空間において、仏教信仰の正路の者と潜伏キリシタンは迫中の仲間として日常生活を送っていた。仏教信仰の者が仲間の信仰生活について何も知らないわけがない。「常の仏」とは違う仏像も見ていたかも知れないし、胸で十字を切る「まじない」などはたびたび見ていたはずである。牛殺しがキリシタンの信仰生活に関係することも知っていた。しかし、迫中の治安問題として牛殺し事件を問題にしても、そこから迫中の仲間の信仰生活に追求の手が及ぶことはなかった。

潜伏キリシタン事件以前、仏教信仰の者たちは、潜伏キリシタンの隣人に対して、何となく異質の面があることを感じつつも、特別に意識することはなかったものと思える。まして密告の対象となるような、天下の大法に反するような存在として意識することはなかったとみてよい。迫中の信仰生活は、仏教信仰の者とキリシタンが適度に住み分けつつ、共存する形で日常化していた。だから百数十年にわたってともに暮らし、潜伏キリシタンは表立つこともなく存続してきた。

大川内の集落は、村の中央にせり出した尾根筋で東西に分かれた迫地状の地形において、東側の迫地の最奥部、山際のある種閉鎖的な立地形態にある。西側の集落が下から西川内までつながった立地形態をとっているのとは異なっている。したがって大川内の迫は、今富村の迫々のなかでも最も閉鎖された空間であり、迫中の自治的な性格は最も強かったとみてよい。

つづいた大川内の牛殺し

大川内では、つづけてもう一つの牛殺し事件が明るみに出た。しかも、事件はごく最近のことである。この事件も大川内の迫中で内々に処理されている。庄屋の上田友三郎のもとに事件が伝えられたのは数日前のことである。大川内の広蔵が、この年（享和三年）の十月に牛を殺し、十一月中旬に過料一貫四百目を迫中に支払っていた、というのである。銭一貫四百目は天草独自の通貨価値で二、三万円程度であろうか。罰金としてはかなり重い。

広蔵の牛殺し事件は、迫中において久次兵衛の一件を取り調べるなかで明るみに出た。大川内の迫中は、今回の牛殺し一件も庄屋の友三郎には届けなかった。久次兵衛の一件を迫中で引き取り、処分したことをふまえて、今回の広蔵の牛殺しの一件も大川内の迫中で処理することにした。そしてかなり重い金額を過料として課しているところに、村が介入できない、迫中の自治力の大きさを感じさせる。

本来であれば、富岡役所に届けるべき事件かも知れない。少なくとも村が裁判権を持ち、その罰金も村の収入となるべき性格の事件である。しかしながら、大川内の迫中は庄屋の上田友三郎に知らせることなく、広蔵の牛殺し事件を迫中で裁き、罰金を迫中に納めさせている。五百目が迫中の臨時経費に、六百目が迫中の寄合の飲食費に宛てられ、残る三百目は若者組の管理するところとなった。

今富村の迫中は独自の財源をもち、その下部組織として若者組が存在しているように、村とは一線を画した自治組織であった。迫内の二つの牛殺し事件も、迫中の自主的な取り締まり活動のなかから明るみに出たものであり、迫中は村の庄屋にはかることなく、自分たちで取り調べ、処罰していた。

大小百二十余の島々からなる天草は、本来、島々の自治的な性格が強かった。島原藩富岡役所の島々に及ぶ支配力は限られており、天草の統治は天草の島民による島内自治のもとで成り立っていた。天草下島の潜伏キリシタンは、仏教信仰の村民と混在しつつ、迫を日常生活の場とし、迫のある種閉ざされた空間に立脚した自治のもとで長き潜伏を可能にしていたといえる。

世襲庄屋の大崎家も、こうした迫中の実状はよく知っていたであろう。迫中の自治に深入りしなかった。庄屋が迫中の自治に深入りしなかったことが庄屋の世襲を支え、迫中の自治、迫中の潜伏キリシタン組織を守っていた。

庄屋と迫の関わり

庄屋の上田友三郎が大川内の広蔵一件を耳にしたのは、つい最近のことである。牛殺し事件だけに、庄屋としてもう少し状況をつかんでおかなければならない。友三郎は早速、八十右衛門を内々に呼んだ。大川内の信者組織の頭立ちの者である。かつては村役人も勤めていた。八十右衛門は、「知らないこともありませんが、よくは知りません」と、話しをはぐらかした。相手がこれ以上話す気がないとみた友三郎は、次に仏教信仰の正路の者とみなしている菊蔵を呼んだ。むろん、内々に、である。

友三郎は、このころには村民の大体の色分け、つまり邪宗の疑いがある者、仏教信仰の者の色分けについてある程度感触をつかんでいた。そこで村役人経験者で邪宗信者の八十右衛門を呼び、ついで正路の菊蔵を呼んで事情を聞いたわけである。菊蔵にはかなりの信用を置いていた。

菊蔵は、「そうした噂に相違はありません。先に処罰された久次兵衛が、広蔵のことを迫中に申し出たので、広蔵も迫中で取り調べ、罰金一貫四百目も迫中で取ったものです。先の久次兵衛の一件を迫中で請け合い、つづけて広蔵の一件が起きたので、庄屋に知らせず、迫中で処分したわけです」と答えた。

友三郎は、村としてもケジメをつけておく必要を感じた。そこで菊蔵に、博奕か何かを口実にして広蔵を村でも処罰してはどうかと提案した。これには菊蔵が反対した。菊蔵は、「それでは迫中での取り締まり意識が薄れます」として、大川内での迫中による内々の処分を尊重するように求めた。友三郎もこれを了承した。

庄屋と檀那寺の和尚の対立

大川内の牛殺し事件も、庄屋の友三郎が迫中の処分を了承したことで一応の決着をみたかにみえた。ところが納得しない人物がいた。江月院鑑司の大成和尚である。和尚は、庄屋の上田友三郎と大川内の迫中の決着のつけ方に問題を感じ、久次兵衛と広蔵を大江村の江月院に呼んで直々に取り調べようとした。

和尚が、とくに問題を感じたのは広蔵の一件である。広蔵は買った老牛を西川内の伊八に売っただけであり、罪は老牛を死なせてしまった西川内の伊八にある。牛殺しの罪は伊八にある。なのに大川内の迫中は伊八の罪を不問にしたまま、広蔵だけに多額の過料を出させている。庄屋の上田友三郎も大川内の迫中による処分を黙認している。

年があけて文化元年の正月二十三日、大成和尚は、庄屋の友三郎に対し、牛殺し事件の関係者を江月院に送るように要求した。大川内の久次兵衛・広蔵、西川内の伊八、広蔵から過料を取った大川内の世話役たちである。関係者全員を調べ直すという腹である。

大成和尚は行動的な人物だった。やり手だった。庄屋の友三郎や迫中が西川内の伊八を処罰しないならば、「拙僧が裁く」として、関係者全員を取り調べ、伊八に対する処罰を下した。「伊八を穴牢に入れるか、家屋敷を没収して村外れの山に追い上げて、村八分にするか」、いずれか庄屋の側で選べ、というものである。

穴牢という処罰は、天草独特の刑罰といってよい。穴を掘り、罪人を入れ、さらし者としたものである。むろん領主側の刑罰にはない。村側の自主的な刑罰である。天草以外では考えられない。自治的伝統から生まれた村・迫中の刑罰といえる。

檀那寺の坊主が、村の庄屋を飛び越えて村人を処罰する。明らかにやり過ぎである。庄屋の優柔不断さをあざ笑ったような一方的な裁きだった。友三郎は和尚の出過ぎた行為をたしなめるべきだった。しかし、友三郎は自重した。ことを荒立てないため、大成和尚の裁定に従った。伊八は穴牢の処分となっている。友三郎としては、内心忸怩たるものがあったろう。和尚の正論というか、押しの強さに屈したのである。友三郎は、これを機会に迫中の内部に踏み込んだ。

二月一日の夜、友三郎は、西川内の五人組の組頭を全員呼び出し、「大川内では迫中として、牛殺し事件に自主的に取り組み、処罰しているに対し、西川内は何の動きもしていない」と叱責した。翌二月二日の夜には、大川内と下の組頭を全員呼び出し、大川内に対して「大成和尚からお褒めの言葉があった」と伝え、双方の迫中に今後ともキリシタンの吟味に応じるように申し渡した。

大川内と西川内の牛殺し事件は、大成和尚の強引な介入もあって、上田友三郎の迫中に対するキリシタン探索を前進させた。同時に、大成和尚が、村の庄屋をさし置いて村民を取り調べ、刑罰まで下したことは和尚と友三郎の関係を急速に悪化させた。和尚は、江月院のなかでも檀家の扱いをめぐって反感をかっていた。

上田友三郎の探索日記は、この年（文化元年）の四月中旬までつづくが、大成和尚に関する記事は二月二日をもって終わっている。友三郎は和尚の解任に向けて動いている。そして大成和尚が果たしてきた異仏探索・鑑定の役割を今富村普済庵の格道和尚が果たすようになる。大成和尚は、二月に入ると「長崎に帰る」と言い出し、三月六日の夜、大江の浜を船出して長崎に戻っている。

メドがついた潜伏キリシタン組織の探索

今富村庄屋の上田友三郎は、庄屋に就任してからほぼ一年、文化元年（一八〇四）正月ごろには、迫

（集落）ごとの信者組織の頭立ちの者と、確実な非キリシタンの正路の者の見定めを終えている。そして、昨年末の牛殺し事件をきっかけに村内の各迫への探索を強め、信者組織の頭立ちの者については相当な確度をもって見定めている。

その際の情報源となったのが非キリシタンの正路の者である。大川内の菊蔵、小島の禎平などは友三郎の密偵であった。大川内の菊蔵とは同所の牛殺し事件を通じてつながりを深めた。二月五日の夜、友三郎は菊蔵をひそかに呼んでいる。この日の探索日記に次のように書いている。菊蔵が知らせた探索情報である。

〇伊八が牛をメタキチに売ったようです。

〇かねて牛の皮一枚が五貫文ぐらいしていた由、薩摩の者は十貫文ぐらいで買い取る由、赤牛は高値とのことです。

〇大川内の善四郎・善六・丈助・貞兵衛は心根を改めているようにみえます。

〇祭をする二日前の両日には精進するとのことです。昨年は十一月八日が祭だったとのことです。

最初の二つは牛殺しに関するものである。三つ目が重要である。菊蔵は迫内にそれとなく目を光らせ、友三郎の説諭もあって動揺し改心に向かっている者について報告している。

キリシタンか、仏教信仰の正路の者か、正確な見極めはむつかしい。最もよく分かっているのは迫の住民である。隣人であり、五人組の仲間であった。菊蔵は、迫内の者たちと接するなかで、それとなく探りを入れ、善四郎以下四人の改心の感触をつかんだものである。相手方も菊蔵のことを信頼していないと心の内まで話さない。菊蔵は友三郎の頼りになる密偵になっていた。

そして上田友三郎の探索日記において、初めて信仰内容に関わる記事が登場している。菊蔵は最後に十一月の「祭」について報告している。信仰内容については初歩中の初歩であろうが、この時点で初めて日記に書き留めていることからみても、これまでの探索は潜伏キリシタン組織の頭立ちの者、邪宗の者と非キリシタンの正路の者との見極めに重きが置かれ、やっと次のステップに移れる状況になりつつあった。

菊蔵が報告した「祭」とは、キリシタン組織が旧暦十一月に行う降誕祭のことである。キリストの降誕を祝う祭、クリスマスのことである。降誕祭は潜伏キリシタンの信仰生活の軸をなす祝祭日となる。友三郎のもとには、まだ降誕祭を起点に太陽暦のキリシタン暦を太陰暦に読み替える、いわゆる日繰りの情報は伝わってはいない。

3　キリシタン探索の中間報告書

文化元年（一八〇四）二月十七日、今富村庄屋の上田友三郎は、富岡役所の宗門改め役である大竹仁左衛門・渡辺種左衛門に、これまでのキリシタン探索の結果を報告している。

探索関係者の集まり

上田友三郎が、富岡役所に中間報告書を出す五日前、文化元年二月十二日、富岡役所において、今富・大江・崎津三ヵ村のキリシタン探索に関わっている者たちが、情報交換の集まりをもっている。集まったのは、富岡役所側から大竹仁左衛門と渡辺種左衛門、村方側から今富村普済庵の格道和尚、高浜村庄屋の上田源作、崎津村唐通詞の奥田舛貞、それに上田友三郎を加えた六人である。

集まったメンバーをみると、当然入るべき大江村江月院の大成和尚の姿が見当たらない。また、大江村庄屋で大江組の大庄屋である松浦四郎八、崎津村庄屋の吉田宇治之助も同席していない。

江月院は高浜・今富・大江・崎津など下島西海岸の村々の檀那寺である。大成和尚はキリシタン探索・仏像鑑定の鑑司として長崎晧台寺の大同庵から招かれていた。和尚はやり手であり、檀家でもある村民を厳しく取り調べたことから、次第に江月院で孤立し、穏健な教化策を重視した上田兄弟とも対立した。

大成和尚は二月に入って鑑司の役目を解任されている。和尚の解任に動いたのは、富岡役所の大竹仁左衛門と上田源作・友三郎兄弟だとみてよい。和尚は、三月六日の夜、大江の浜から船出し、長崎に戻っている。源作は餞別を届けているが、和尚は使い者に会うことも、餞別を受け取ることも断り、天草を去っている。大成和尚にかわる鑑司の役目とされたのが、今富村普済庵の格道和尚である。

大江村庄屋で大江組の大庄屋でもある松浦四郎八、崎津村庄屋の吉田宇治之助の二人も探索メンバーから外されていた。松浦は富岡役所との関係が今一つだし、吉田は崎津村のキリシタン漁民たちから突き上げられていた。今富村普済庵の格道和尚が大江村の江月院との連絡にあたり、崎津村の唐通詞として漁民たちと接触する機会が多い奥田舛貞が崎津村探索の中心となっていた。

富岡役所は、世襲庄屋である松浦四郎八と吉田宇治之助が村内のキリシタン組織と通じているのではないか、との疑いを捨ててはいなかった。崎津村の世襲庄屋吉田家は、ある時点までキリシタンだった可能性は高い。その意味でも島原藩にとって、送り込んだ今富村庄屋の上田友三郎はキリシタン探索の柱だった。

ところで、この日の集まりに、上田友三郎が日記に「舛貞老」と書く人物が出席している。崎津村に置かれていた中国語通訳、唐通詞の奥田舛貞である。下島南部の羊角湾にはよく唐船が漂着した。そのために湾の入口の崎津村には遠見番と唐通詞が置かれている。

舛貞については後で詳しく紹介するが、この人物は、島原藩当局から崎津村のキリシタン探索の「隠密」の役目を命じられていた。崎津村には、もう一人、小平又右衛門という牢人者が隠密として置かれているが、この席には呼ばれていない。上田友三郎が小平又右衛門と初めて会うのは、この年の正月晦日である。舛貞とは二月十日に会っている。

友三郎は、今富村のみならず、崎津村・大江村にも探索の手をのばし情報収集していた。又右衛門と舛貞はさぐりに来たわけである。この時期、「邪頭」（邪宗組織の頭）と噂される崎津村の周平が高浜村に引っ越したとの情報も伝わっていた。

片かなで書かれた探索情報

文化元年（一八〇四）二月十七日、今富村庄屋の上田友三郎は富岡役所にキリシタン探索の中間報告書を出している。結局、この中間報告書以降、一年近くにわたって村方のキリシタン探索は中断された。島原藩が、翌年の三月から村方での取り調べを開始する際、基本データとしたのは、この中間報告書である。

上田友三郎がとりまとめた中間報告書の柱は、二つから成り立っている。一つは、組織面の探索結果である。つまり、今富村の迫ごとの潜伏キリシタン組織の頭立ちの者と正路の者（仏教信仰の者）の名前、牛殺しの者の名前、そして友三郎が入手した大江村・崎津村の頭立ちの者の名前リストである。もう一つは、信仰内容に関する探索結果である。

友三郎は有能であり、慎重であった。富岡役所が見込んで今富村に送り込んだだけはある。今富村の潜伏キリシタン組織を的確につかんでいる。とくに組織の頭立ちの者たちについて迫ごとに調べ上げ、彼らが果たしている役割を「一」から「四」の四段階で評価している。そして友三郎は、地名・個人名など固有名詞の全てを片かなで書き、富岡役所にも報告内容を秘密にするようクギをさしている。

今富村の潜伏キリシタン組織

まず、上田友三郎の中間報告書をもとに、今富村の潜伏キリシタンの組織について、庄屋屋敷のある下の集落からみてみよう。友三郎は、潜伏キリシタン組織の幹部である頭立ちの者、仏像所持の者、牛殺しに関わった者、仏教信仰の正路の者の名前を次のように列記している。

下（志茂）

頭立ちの者　㊀左平、㊁利左衛門、㊂ヤキエモン

牛殺しの者　万平、ヤシャウエ

正路の者　宇右衛門、兼蔵、順助、竹蔵、長左衛門、兼作、弁之丞、△儀右衛門、五八、国右衛門、敬作、光兵衛、伴右衛門、徳助、広左衛門

「ヤキエモン」「ヤシャウエ」とあるように、友三郎の報告書は固有名詞の全てが片かなで書かれている。ここでは漢字に直せる人名は適宜漢字に直した。また。頭立ちの者に対する友三郎の四段階評価を㊀、㊁、㊂、㊃で示している。㊀の左平が最高ランクの頭立ちの者である。最高ランクの㊀の頭立ちの者はいるが、仏像の所持者はいない。頭立ちの者で仏像所持者であれば、集会・講会（ミサ）を主宰する組織の中心的な存在である。下の集落にはそうした存在はいなかったのであろうか。

人数構成からみて、下には仏教信仰の正路の者の方が多かったようである。△印は正路の者と断定しかねたのであろう。それにしても庄屋屋敷の周りにも潜伏キリシタンの組織があったことに、改めて驚かされる。

次に、下の北側、下と西川内に挟まれた松の川内である。

松の川内

正路の者　　　喜三兵衛

松の川内（町の川内）には檀那寺の普済庵がある関係からか、一人の正路の者しか記されていない。ただ、現在のキリシタン遺跡の分布状態では、松の川内には水方の屋敷跡があり、水方が聖水を汲んだ湧水、信仰対象となった「弓取りの墓」などがある。潜伏組織の中心である西川内と、下にはさまれており、百姓の識別はむつかしかったであろうか。

松の川内の北側、迫筋の奥部が西川内である。集落の奥は山地に連なっている。

西川内

頭立ちの者　　㊀太郎左衛門（仏像）、㊀伴助（仏像）、㊀用兵衛（仏像）、㊀喜左衛門、㊀弥五

平、㊁伝次兵衛、㊂善助、㊂兼助、㊂茂左衛門（利左衛門倅）、㊂恒右衛門（伝次兵衛倅）、㊂官蔵（喜左衛門倅）、㊃八郎兵衛

牛殺しの者　万兵衛、彦七、伊八、太平次

正路の者　文次兵衛、源六、為作、西右衛門、西左衛門、源右衛門、倉右衛門、幸八、嘉作、兼左衛門、奥左衛門、△藤作、弥平、弥助、△庄三郎、四平、甚八、新七、丹下、弥左衛門、関右衛門、太郎作

西川内は、潜伏キリシタン組織の中心的な迫（集落）である。頭立ちの者の人数も群を抜き、各段階の幹部が揃っている。父子で名を出されている者が三人いる。頭立ちの者が家筋で受け継がれていたことを示している。カッコ内の仏像が仏像所持の者であるが、第一ランクの頭立ちの者で仏像を持つ太郎左衛門・伴助・用兵衛の三人は、迫中のみならず、村内の信仰指導者な存在とみてよい。

かつての隠れキリシタン研究では、キリシタン潜伏の絶対的な条件として、村・集落の全員がキリシタンで占められていることが指摘された。だが、一見して明らかなように、西川内では頭立ちの者も多いが、正路の者も多い。先のフェリエ神父の表現を借りれば、「キリシタンもゼンチョー（異教徒）もうち混ぜ」の状態にあった。牛殺しの者も村内の迫で最も多い。潜伏キリシタンが仏教信仰の正路の者と日常生活をともにし、仏教関係の行事をこなしつつ、その裏でキリシタンだけの信仰生活を送っていたことを想定させる。

次に東側の迫筋に廻ってみよう。友三郎が記録しているのは最奥部の大川内だけである。西川内と同様に、集落の奥は山地につながっている。

大川内

頭立ちの者　㊀八十右衛門、㊀丈蔵、㊀円平、㊁伝吉、㊂広蔵、㊂藤吉、㊃貞兵衛
牛殺しの者　広蔵
正路の者　　菊蔵、熊兵衛

西川内とならんで第一ランクの頭立ちの者が三人いる。西川内の全体的な人数の多さと較べると、迫筋の最奥部、山際の大川内には上田友三郎の探索が十分及んでいない。正路の者の菊蔵は友三郎の手下として大川内の情報を提供しているが、正路の者の人数の少なさは潜伏キリシタンの多さを想定させる。菊蔵をもってしても、大川内の信者組織における頭立ちの者の識別がむつかしかったことをうかがわせる。

菊蔵は、十日ほど前、友三郎を訪ねて報告したなかで、「大川内の善四郎・善六・丈助・貞兵衛は心根を改めているようにみえます」と報告しているが、友三郎は、貞兵衛を頭立ちの者に入れ、四段階評価の四番目としている。残る三人も正路の者としていない。友三郎は、正路としつつも、いまだ識別に迷う者には△印をつけているが、三人はこれにも入っていない。正路の者とは、疑いようのない、確実な仏教徒であった。

残る集落をまとめて示しておこう。

蛤潟

頭立ちの者　㊃与作
正路の者　種左衛門、百十郎

中山
正路の者　　　　礼助、嘉蔵
大山
頭立ちの者　　㊃虎右衛門
牛殺し　　　　虎右衛門
正路の者　　　宇平、兵吉、敬蔵

中山は、大きなすり鉢状の迫地を東西に分ける尾根筋を挟んで、今富村の中心的な集落である下の向かい側の集落である。近くにはキリシタン墓所と知られる片白の集落があり、明治十五年ごろのフェリエ神父の記録では、今富村のキリシタン集落として「大川内、西ノ川内、片白、中山、仏ノ平、小山の迫々」と書かれ、中山・片白もキリシタン集落となっているが、上田友三郎によると中山には頭立ちの者はいない。蛤潟は下の集落の南方、干拓地に面した集落である。崎津にも近い。大山は大川内の北方、山間の集落である。

こうみてくると、今富村の潜伏キリシタン組織の中心となったのは西川内・下（志茂）・大川内であり、そこでも潜伏キリシタン組織の頭立ちの者と正路の者が併存していた。潜伏キリシタンの村というと、村全体が潜伏キリシタンで占められているか、村内の特定の集落に信者が集まっているような印象を受けるが、実状は大分違う。

フェリエ神父は、明治十五年ごろの今富村のキリシタンの分布について、「西ノ川内と中山はキリシタンとゼンチョーもうち混ぜにして、余はみなキリシタンなり」と記録しているが、少なくとも文化二年の事件当時の状態は、神父の記録とは大分様相を異にしている。「みなキリシタンなり」という迫はなく、潜伏キリシタンが存在する迫は、「キリシタンとゼンチョーもうち混ぜ」にした状態にあった。

今富村の潜伏キリシタンの人数は、最終的に千四十七人とされている。仏教信仰の正路の者たちが七百九十一人である。当時の村の総人数が千八百三十八人なので、潜伏キリシタンの割合は総人数の約五十七％である。確かに「潜伏キリシタンの村」といえる状態にあるが、大雑把にいえば、潜伏キリシタンと仏教徒が同じような人数で暮らしていた。

上田友三郎の中間報告書によると、今富村の潜伏キリシタンは特定の迫（集落）に集中することはなく、一般の正路の百姓と混在し、五人組をつくり、表面上正路の百姓と変わらない村落生活を営んでいた印象を受ける。

潜伏キリシタンと正路の者に目立った違いがあるとすれば、キリシタン暦の祝祭日の過ごし方にある。天草は意外に休日の観念が発達していて、地域ごとに「やすみ日」を定めているが、キリシタン暦の祝祭日はこれとは異なる。上田友三郎は、邪宗信者と直接的に接触できないため、祝祭日の情報を集め、祝祭日に邪宗信者がどのような行動をするのかに探索の力点を置いていた。

大江村の潜伏キリシタン組織

上田友三郎は、大江村・崎津村の頭立ちの者・仏像所持者についても富岡役所に知らせている。両村とも今富村に較べると探索は大分遅れている。

大江村でのキリシタン探索が遅れたのは、一つには、探索に当った檀那寺の江月院において僧侶たちが対立状態にあったからである。順貞和尚をはじめとする江月院の僧侶が、異仏鑑定の鑑司として招かれ、強引な取り調べを行っていた大成和尚と対立した。そして江月院側が、檀家が関係する探索リストを隠すようになっている。

友三郎が中間報告書で示している大江村の探索リストは、今富村普済庵の格道和尚が、江月院の順貞和尚から聞き出し、書き留めたものである。大江村の探索リストを、のちに判明する上組・下組に分けて示しておこう。

上組

頭立ちの者　　野中＝市蔵、里＝恒兵衛

仏像所持の者　　尾ノ河内＝嘉助、越崎＝吉兵衛、長尾＝太吉、里＝作之丞

下組

頭立ちの者　　桑鶴＝伊八

仏像所持の者　　西＝徳蔵、浜里＝松右衛門・伊三右衛門

大江村は天草下島の南部、羊角湾へとつづく湾入部の入り口に位置する。大江は、太古のむかし大きな入江であったが、埋没して谷底平野となり、海岸から南北三キロにわたって集落が伸びている。大江村の潜伏キリシタン組織では、集落を南北で二つに分け、上組・下組の信仰組織をつくっていた。

上組の里が中心的な集落であり、ここに大江村の庄屋で、大江組の大庄屋である松浦家が所在する。現在の国道をはさんで道向かいの小高い丘あたり、越崎に潜伏キリシタンの集会堂があったとされ、その地に現在の大江天主堂が立地している。

下組で注目されるのは、屋根裏につくられた信仰の部屋、今日、「隠れ部屋」が存在していることで知られる家の祖先、伊八が頭立ちの者としてマークされていることである。当時、二十七歳であった。父親の徳右衛門が潜伏組織の長老的な存在だったと思える。浜里にはこの地域の村々の檀那寺の江月院が所在するが、浜里にも二人の仏像所持者がマークされている。

大江村では上組・下組、合わせて頭立ちの者がわずかに三名であるが、若い桑鶴の伊八や浜里の仏像所持者をマークしているところに、江月院の探索能力を感じる。

崎津村の潜伏キリシタン組織

島原藩は、崎津村にキリシタン探索の隠密として唐通詞の奥田舛貞と、牢人者の小平又右衛門を送り込んでいるが、二人が有用な探索情報を取っているようには見えない。無理もなかった。当時、崎津の漁民たちが、唐船の長崎曳航賃金をめぐって庄屋の吉田家を突き上げており、隠密の二人も、なかなかキリシタンが集中している漁民集落で情報をとることができないでいた。

上田友三郎が富岡役所に知らせた情報は、文化元年二月十三日、今富村小島の禎平からもたらされたものである。小島は海岸近くの村方であり、崎津の東隣りに位置している。禎平は崎津担当の密偵だった。

そして二月二十七日、朝丞なる密偵がもたらした情報が、崎津村の潜伏キリシタン組織についての最も詳しい情報となる。崎津村の頭立ちの者は次のとおりである。

船津　　万吉、ヲキン、虎次郎、

下タ町　善吉
中町　ハツゴロウ母
下モ町　清左衛門、周平
程谷　ゴンヘイ

崎津村については、あとで説明するが、示されている迫（集落）は、明治十五年（一八八二）ごろ大江・崎津・今富の村々を廻ったフェリエ神父の記録とだいたい一致している。神父は、「崎津村――船津、下町（したまち）、中町、下町（しもまち）、中敷の筋ならびに程谷の迫を合わせて家数六〇〇ばかりなり。そのうちゼンチョー五〇軒ばかりという」と書いている。

少し説明しておくと、入江の南北に縦状に並ぶ崎津の家筋において、中央に中町が位置する。中町の中心部に世襲庄屋の吉田家がある。今の崎津教会の場所である。中町の奥に下タ町、船津、中町の下側に下モ町の家筋がつづき、海岸線から離れて中敷、程谷が位置している。崎津は浦方の町場的な雰囲気もあるが、基本的には漁民集落であった。

探索リストのなかで、下モ町の周平は「邪頭」と風聞され、潜伏キリシタン組織の中心人物と目される存在である。当時、高浜村に移って活動しているとも噂されていた。船津の「ヲキン」、中町の「ハツゴロウ母」は洗礼を授ける水方の女性であろう。

キリシタン祝祭日

上田友三郎は、文化元年（一八〇四）の一月までには、ほぼ潜伏キリシタン組織の探索にメドをつけ、一月末から信仰面の探索にも力点を置いている。探索の中心となったのは信仰生活の基準となるキリシタンの祝祭日を探ることであった。

富岡役所に中間報告を行う直前、祝祭日にあたる二月二十日に今富村と崎津村を見廻り、信者の祝祭日の行動、頭立ちの者たちへの集まり状態について観察している。友三郎が、いろいろ手を回して調べた祝祭日についての中間報告の内容は、次のようなものである。

○霜月（十一月）を「入り」、二月を「上がり」という由です。

○昨年（享和三年）は十一月八日が「入り」であり、「入り」の祝日（十一月八日）より五十五日先、さらに四十九日先も祝日の由です。当月、二月二十三日も祝日とのことで、何れの祝日も前夜の集まり方をしている由です。前夜の集まりの節は異仏を座中に出して、何か仕法をしている由とのことです。

○霜月（十一月）と二月の祝日より七日目ごとに日々を繰り、毎月、その日には少しばかりの心祝いをしている由です。その日は金物を忌むとのことです。

○頭分の者が死んだ時、葬った墓を善人の墓というようです。

天草下島西海岸の村々において、キリシタン暦（教会暦）の日曜日、その他キリストの生涯にちなむ祝祭日を当時の太陰暦に移し替える日繰りにおいて、最も重視されたのが旧暦十一月の降誕祭と二月の復活祭である。友三郎は、「霜月（十一月）を入り、二月を上がりという由です」と報告しているが、「入り」とか、「上がり」とか言われても、何のことか分からなかったであろう。

少し解説しておけば、友三郎のいう「入り」とは、降誕祭を過ぎて「悲しみの節」に入ること、「悲しみの入り」のことである。「上がり」とは、「悲しみの節」が終わること、「悲しみの上がり」のことである。当時のキリシタンたちもキリストが死ぬという「悲しみ」の実体は分かっていたであろうし、冬至・立春という太陽の勢いから何となく感覚的に理解していたのかも知れない。

上田友三郎もよく分からないまでも、邪宗組織がキリシタン独特の暦を使い、七日を単位に信仰生活していることは理解できた。また、「その日は金物を忌むとのことです」ということについても、どうもこの日は金物を使う仕事を休むようだ、といった理解はしていたであろう。

信仰の面では入信の勧め方、洗礼、唱え（オラショ）など探りたいことはたくさんあったであろうが、友三郎は自重した。配下の村人にも「余計なことを聞いては怪しまれるので、少しずつ聞き出すようにせよ」と指示している。

祝祭日の村内見廻り

上田友三郎も、邪宗信者が七日間を区切りに生活し、七日目を「ドメウゴ」（ドミンゴ、日曜日）と呼び、仕事を休み、神に祈りをささげる日であるらしいとのことは理解できた。中間報告書には、文化元年の日繰りが書かれている。中間報告をした二月のドメウゴは、二月十四日、二十日、二十六日である。

友三郎は、富岡役所に中間報告をする二日前、二月二十日のドメウゴの日、邪宗信者が祝祭日にどのような過ごし方をしているのか、午前中に今富村を見廻った。その模様を報告書で次のように書いている。

二月二十日、村内の様子を見廻った。農業に出ている者は少ない。婦人なども裁縫やはたを織っている者はいない。男女ともに不浄（下肥）を取り扱っている者は少なく、家の軒下や縁側などにじっとしていて、ともかく静まっている。仕事をしている者もわずかで、表立って働いている者も少なく見える。村内に五、六軒講会（ミサ）を開いている家があるようだ。これは実際の講会だと聞いている。村内がいつもと違うように見受けるが、不審なところは見当たらないので、格道長老（今富村普済庵の庵主）にも知らせ、その夜、二人の正路の百姓にごく内密に夜廻りをさせた。格道長老も夜廻りをされたが、その夜はいつもと変わりなかった。十九日の夜に探りを入れなかったところ、頭分の家に集まっている様子も聞こえてきたが、十九日夜までは、そうした動きはなかった。深更に及んでのことらしいので、確かなところは分からない。

友三郎は、毎月、数日あるドウメゴ（日曜日）に邪宗信者は仕事を休み、講会（ミサ）に集まるとの情報を得ていたので、この日で確かめようとしたものである。友三郎が見たところ、特段、村内で変わったこともなかったようだが、全体的にみると、この日には通常の仕事をしていないような印象を受けている。講会を目撃することはできなかった。

あとから聞いた情報では、この日も五、六軒で講会が開かれていたようである。この情報が本当ならば、ドウメゴには迫ごとに講会が開かれていたようである。

崎津村の夜廻り

上田友三郎は、二月二十日の午前中、今富村を見廻ると、午後は普済庵の格道和尚と連れだって崎津村に出向いている。友三郎も崎津村については、ほとんど情報を得ていなかった。ただ、崎津村は邪宗信者が多く、「ドウメゴには遊んでいる者が多い」と聞いていたので、今富村との違いを知るためにも見廻りに出向いた。

夜廻りしてみても、いつもと変わっているようにも見えない。何時ごろであろうか。夜の七、八時ごろとしても当時のことである。あかりを燈している家は少ない。ほぼ暗闇の状態であったろう。「かねて風聞よろしからざる者は、かえってよく寝入っているようです」、と富岡役所への中間報告に書いている。中間報告では大江村と崎津村の頭立ちの者の人名リストを載せているが、先に示した今富村の分と較べるとごく簡単である。友三郎のいう「かねて風聞よろしからざる者」として、船津の万吉・勘左衛門、下タ町の善吉、下モ町の周平があげられている。

目指したのは船津の万吉の家である。情報をくれたのは隠密の小平又右衛門だった。「今夜船津の万吉の家で講会が開かれるようです」というような情報であろう。又右衛門は崎津の海岸沿いにある薩摩屋の前の家をアジトにしていた。薩摩屋の近く、入江の両側に伸びた崎津の家筋の中央には、庄屋の吉田宇治之助の屋敷がある。友三郎一行が立ち寄った形跡はない。吉田家の屋敷跡に、後年、崎津教会が建てられる。

庄屋屋敷の近くには、もう一人の隠密、奥田舛貞が住む通詞屋敷があるが、舛貞にも声をかけていない。それは賢明だった。隠密が二人で行動すれば、それだけリスクも増す。あとの探索もやりにくい。

友三郎と格道和尚は小平又右衛門と落ち合い、船津の万吉のもとに向かった。提灯も燈さないで、漁村特有の家々が軒を並べた細い道を一行は進んだ。暗闇のなか、万吉の家からは中の光さえ漏れてこない。しかし、人の気配はする。怪しい。さぐってみると、外に光がもれないように蔽いをし、家の両側には見張り番が立っている。友三郎は「遠見の人」と書いている。ますます怪しい。

崎津は海岸近くまで山陵が迫り、海岸線の狭い土地に人家が細長く伸びている。船津は漁民の集落だった。最近は、船津の漁民が唐船の長崎曳航賃金をめぐって庄屋を突き上げており、そう思うと、集落全体が何となく殺気だっているように感じる。友三郎一行は「遠見の者」に警戒しながら、暗闇のなか万吉の家に近づいた。家のなかに人が集まっている。これぐらいしか分からなかった。万吉の家で講会が催されていたことは確実である。もう少し探りたいが、これ以上近づくのは危険だった。

一行が引き上げにかかると、小平又右衛門がもう一度万吉の家に近づいた。「人が集まっていて、座中に樽が見えた」と語った。樽の上には仏像がのせられていたであろう。樽の上の仏像を囲んで、ミサが行われていたのであろうか。本来ならばミサは午前中がふさわしいが、寄り合えば怪しまれるので、夜の講会となったのであろう。

又右衛門は、「遠見の者が、気がついていたかも知れない。もし誰が夜廻りに来ていたかが分かるとまずいので、当分夜廻りは見合わせよう」と提案した。崎津村の探索はむつかしかった。文化元年の春、村方の探索は今富村では成果をあげつつ、大江村・崎津村では限界をみせていた。

以上が、今富村を中心とした上田友三郎の潜伏キリシタン組織に対する探索活動の中間報告書の内容である。信仰面ではまだまだ探索が進んでいなかった。しかし、友三郎は無理しなかった。そして慎重な友三郎は、富岡役所に際に対し、「この報告を見られた後は、焼き捨てていただきたい」と申し入れている。

上田友三郎が富岡役所にキリシタン探索の中間報告を行ったのが、文化元年二月二十七日である。島原藩による村方のキリシタン取り調べが始まるのは、ほぼ一年後の文化二年三月十一日からである。その間、幕府との折衝のため、村方のキリシタン探索は手控えられている。

第五章　潜伏キリシタン村落の隠密たち

天草下島西海岸の村々には、潜伏キリシタン組織の情報を求めて様々な人間がうごめいていた。村方での取り調べが始まる文化二年（一八〇五）三月以降には、長崎奉行所・近隣諸藩からの隠密も入り込み、富岡役所をして「犬どもが、うようよしている」と言わしめた。島原藩富岡役所自身、村方に庄屋を送り込み、隠密をもぐり込ませている。

天草下島西海岸の潜伏キリシタン村落にうごめく隠密たちの活動ぶりをみていこう。

1　今富村の隠密

天草下島西海岸の村々の潜伏キリシタン組織の探索データをつくりあげるのは、今富村の庄屋上田友三郎である。今富村は庄屋自らが島原藩によって送り込まれた隠密の頭目だった。

キリシタン探索の頭目

島原藩からみれば、今富村庄屋の上田友三郎は、天草下島西海岸の村々の潜伏キリシタン組織の探索の柱であった。島原藩は、潜伏キリシタン組織の渦中に友三郎を庄屋として送り込んだ。友三郎を今富村に送り込んだ張本人は、富岡役所で宗門行政を指揮する大竹仁左衛門である。大竹は、友三郎に対し、今富村のキリシタン取り締まり、「この一件だけでお前を庄屋にした」と明言している。今富村庄屋の上田友三郎の役割は、今富村を中心とした今富・大江・崎津の潜伏キリシタン村落の探索にあった。当時、富岡役所は、大江村庄屋の松浦四郎八、崎津村庄屋の吉田宇治之助をキリシタン探索に当らせていなかったので、上田友三郎は頼みの綱だった。そして実際、上田友三郎はキリシタン探索に成果をあげている。

友三郎は、今富村を中心に探索を開始してほぼ一年、文化元年（一八〇四）二月、富岡役所にキリシタン探索の中間報告を行うが、この探索データが、それから一年後、文化二年三月から開始される村方の取り調べの基本資料となっている。

庄屋の手下

今富村庄屋の上田友三郎が、ほぼ一年間で確度の高いキリシタン探索の成果をあげえたのは、村内の迫（集落）ごとに潜伏キリシタンと仏教信仰の正路の者を見極め、「この者は信用できる」と確信した正路の者を手なずけ、手下として情報をとったことである。キリシタンの者を手下とし、組織の情報をとっていた可能性も大いにある。

上田友三郎の探索の確さは、迫ごとに村民を単にキリシタンと非キリシタンに識別しただけでなく、迫の潜伏組織に果たす役割を調べ上げ、頭立ちの者とみなす組織の幹部を四段階に分類していることである。これは、組織の内部事情に相当通じていないと判断できない分類である。友三郎のもとには、正路の者のみならず、キリシタンの情報提供者がいたはずである。

上田友三郎の探索日記を見ると、友三郎のもとで実質的な探索活動を行っていた手下が少なくとも五、六人はいる。たとえば、文化元年二月二十日、探索の結果、この日がキリシタン暦でいうドミンゴ（日曜日）にあたるということで、友三郎は、ドミンゴに信者たちが、どういう行動をしているのかを探るため、手下に夜廻りをさせている。探索日記に「その夜、二人の正路の百姓にごく隠密に村内を夜廻りさせた」と書いている。

それから二日後には「小禎」が、さらに翌日には「朝丞」が探索情報を持ってきている。「小禎」とは小嶋村の禎平のことである。小嶋村は今富村に属し海岸に面した村方であり、崎津村の東どなりに位置している。小禎は崎津村方面の探索にあたっていた。友三郎の探索日記によると、禎平は二月十三日にも友三郎のもとを訪れている。「小嶋の禎平が来た。聞いたところ、崎津村の周平が高浜村に引っ越したとのことである。この者は崎津の邪頭の風聞がある。崎津の邪頭には下夕町に善吉、船津に万吉がいる」。

上田友三郎は、文化元年二月十七日、こうした手下の情報をもとにキリシタン探索の中間報告書をとりまとめ、富岡役所に提出している。

2　崎津村の隠密

島原藩が今富・大江・崎津三ヵ村のなかで最も厄介な村方とみたのが、崎津村である。下島の南部、大きく湾入した羊角湾の入り口に位置し、地理的にも隔絶した漁民集落である。富岡役所からも船でないと往来しにくい。島原藩は、崎津村には早くから潜伏キリシタンの探索にあたる「隠密」を送り込んでいた。

謎の唐通詞

島原藩は、早い時点から崎津村には二人の隠密を置いていた。唐通詞の奥田舛貞と小平又右衛門なる牢人者である。唐通詞と牢人者、妙な組み合わせである。

島原藩の家老羽太十郎左衛門は、文化元年（一八〇四）四月、天草下島の潜伏キリシタンに関して、江戸藩邸に知らせた第一報において、「崎津村あたりで仏法不信仰の行動があやしいとの風聞があるので、二人の隠密の者を村内に入り込ませて探索させているが、確たる証拠はつかんでいない」と知らせている。この「二人の隠密」が、唐通詞の奥田舛貞と牢人者の小平又右衛門である。

崎津村は、東シナ海に面して大きく口を開けた下島南部の湾入部の奥、羊角湾の入り口近くの入江に位置しており、沖合を通る外国船が年に一、二艘は漂着した。そこで崎津村には、外国船や密貿易の監視にあたる遠見番と唐通詞が置かれていた。

崎津村の唐通詞の設置は古い。寛文九年（一六六九）に唐船（中国船）が崎津に漂着した際に、通詞として長崎築町の玉木惣右衛門を呼んだことを契機に設置された。以来、寛政三年（一七九一）一月まで玉木氏が唐通詞に任じられた。

島原藩は、玉木氏の次に奥田舛貞を長崎から唐通詞に呼んでいる。舛貞の素性はよく分からない。長崎で長らく唐通事だった人物と思える。今富村庄屋の上田友三郎は「舛貞老」と呼んでおり、崎津に居住するころには、かなりの年輩だった。

奥田舛貞は当初島原に居住し、唐船が漂着した時に崎津に出張していたが、享和三年（一八〇三）三月からは崎津村居住を命じられている。前年の四月、崎津の漁民たちが漂着した唐船を長崎に曳航した際の賃金（援賃金）をめぐって庄屋・年寄を突き上げる村方騒動を起している。零細な漁民の多くが潜伏キリシタンだったことから、騒動を通じて崎津村の潜伏キリシタンの存在が表立ってきた。島原藩は、崎津村の援賃金をめぐる騒動の取り調べを糸口に漁民集落の潜伏キリシタン組織を探索するために、唐通詞の奥田舛貞に崎津村居住を命じた。

現在、海岸線に細長く伸びる崎津集落の中央に「海の教会」として有名な崎津教会が位置しているが、この場所が崎津村の世襲庄屋の吉田家屋敷である。唐通詞奥山舛貞はこの近くに住み、ひそかに探索活動に当っていた。

明治十五年ごろ、崎津教会のフェリエ神父は崎津の信者の状態ついて記録しているが、そのなかで、明治初年の絵踏が庄屋屋敷のほかに崎津の役場でも行われ、役場の場所が「元の玉木の跡」だったと記述している。「玉木」とは唐通詞だった玉木氏のことであろう。奥田舛貞は玉木氏の通詞屋敷に住んだと考えられる。舛貞は、崎津の中心部、庄屋屋敷のすぐ近くに住んでキリシタン探索に当っていたことになる。

奥田舛貞は、富岡役所にキリシタン探索の情報提供した形跡がない。舛貞は、唐船が漂着すると崎津の漁民が曳航する唐船に乗って長崎に向かっており、漁民と接触する機会も多い。奥田舛貞は、崎津のキリシタン漁民についてかなりの情報をつかんでいたと思える。

もう一人の隠密

崎津村のもう一人の隠密は、小平又右衛門という牢人上がりの者である。牢人体の者が狭い崎津の浦方に住みつけば怪しまれるので、島原藩は、以前から崎津の浦方に住みついている牢人者に扶持を与え、潜伏キリシタン探索の隠密活動に当らせた。

小平又右衛門は薩摩屋の前に住んでいた。崎津は薩摩方面とは密接な取引関係にあった。密貿易も行われた。薩摩屋も現在の崎津教会あたり、庄屋の吉田家の近くに位置していたとみてよい。

いずれにしても狭い漁民集落である。唐通詞の奥田舛貞と牢人者の小平又右衛門は目と鼻の先で暮らしているが、今富村庄屋の上田友三郎の探索日記を見ても、両人が協力して情報を集めた形跡は薄い。唐通詞と牢人者が会っていれば、怪しまれもする。探索情報も今富村と比べると貧弱なものだった。

唐通詞の失踪

文化二年（一八〇五）二月、予期せぬことが起った。崎津の浦方に隠密として住みついていた唐通詞の奥田舛貞が姿をくらまし、いずこかへ逃走している。舛貞は、姿をくらます直前に長崎へ出張している。昨年末、二艘の唐船が漂着したことから、舛貞は唐船側と応対し、崎津の漁民たちの曳き船とともに長崎に向かっている。

長崎では舛貞が唐船側と交渉し、崎津村に対する長崎曳航経費を受け取っていた。そこから舛貞が、曳き船賃金を持ったまま長崎から姿をくらましたとの噂が立っている。銀十貫とも二十貫ともいわれる大金である。ただ実際には、舛貞は長崎から一旦崎津に戻っている。奥田舛貞が曳き船賃金を持ち逃げした形跡はない。舛貞はどうして姿を消したのであろうか。

舛貞が失踪した文化二年二月といえば、島原藩が、幕府の下知も受けて、今富・大江・崎津三ヵ村への取り調べを目前に控えていた時期である。島原藩内部では秘密にされていた。ところが奥田舛貞は、昨年の暮、長崎で島原藩の長崎聞継の松本九郎右衛門から「近く村方への取り調べが始まりそうだ」ということを聞いていた。松本九郎右衛門がうっかり漏らしていたのである。崎津村を調べられると、何か舛貞にとって不都合なことがあったのだろうか。隠密は相手側とつながりを持たないと、なかなか情報は取れない。奥田舛貞は何度も漁民たちの曳き船とともに往来するなかで、キリシタン漁民とのつながりを深めていたのではないか。

文化二年二月、島原藩の勘定奉行川鍋次郎左衛門が富岡に渡り、今富・大江・崎津三ヵ村への取り調べが動き出した。唐通詞奥田舛貞は、いずこかへ姿をくらましている。

島原藩は、舛貞が勝手を知った長崎に逃げたと思っていた。しかし、長崎を探しても見つからなかった。ともかく舛貞は、崎津村のキリシタン漁民の騒動、キリシタン探索の内情など、いろいろなことを知っている。追い詰められた弁貞が、不測の行動にでる恐れもある。島原藩では薩摩にまで捜索の範囲を広げ、人員を増員して捜索しているが、唐通詞奥田弁貞のゆくえは、ようとして知れなかった。

3　大江村の隠密

大江村には、地域の村々の檀那寺である江月院がある。大江組八ヵ村の大庄屋を兼ねる庄屋の松浦四郎八もいる。しかしながら、村内のキリシタン探索は遅れていた。島原藩は、村方の取り調べに先だって、大江村に隠密のプロを投入する。

檀那寺の隠し横目

大江村は、下島の南部、羊角湾につづく大きな湾入部の外側に位置し、海岸に沈み込んだ溺れ谷状の谷底平野に集落が広がり、海岸近くに江月院が位置している。天草の潜伏キリシタン事件の在所となる高浜・大江・今富の村々の檀那寺は、この江月院であり、村々には江月院の末寺があった。

当初のキリシタン探索で大きな役割を果たしたのは江月院である。江月院というより、島原藩によってキリシタン探索、証拠となる異仏鑑定にあたる江月院の鑑司として招かれた大成和尚が探索の中心となった。

和尚には、何といっても大勢の檀家がついている。檀家のなかから、これといった人物をみつけて「隠し横目」とした。江月院は大きい。何人もの僧侶もいる。やり手の大成和尚は、配下の僧侶と「隠し横目」とした檀家をフルに使って情報をとった。

潜伏キリシタンは、キリシタン独特の暦をもとに、七日間を単位に行動していた。ドミンゴと称する日曜日には、信者たちは頭立ちの家に集まり、仏像を囲んで集会・講会を行っている。和尚は集会・講会の探索情報から仏像所持者を絞り込んだとみてよい。隠し横目は、潜伏キリシタンの集会・講会にも入り込んでいたのかも知れない。最も絞り込みが進んでいたのが地元の大江村と、上田友三郎が庄屋として入り込んでいる今富村だった。

上田友三郎のキリシタン探索日記は、享和三年（一八〇三）十月に始まっているが、日記は、大成和尚が、今富村において最終的に目星をつけた三人の仏像所持者の家宅捜索に向かうところから始まっている。和尚は確実にねらいを絞り込んでいた。

大成和尚は、大江・今富・崎津の三ヵ村で十数人の仏像所持者をリストアップし、大江村の徳蔵、崎津村の万蔵、今富村の伴助からは仏像を押収している。今富村の伴蔵の仏像は、代々受け継がれてきた南蛮渡来の異仏であった。和尚は、異仏鑑定の鑑司として、わざわざ長崎から招かれただけあって、有能でやり手だった。その嗅覚は確かなものであり、取り調べも厳しかった。

江月院の僧侶たちは、しだいに檀家を厳しく扱う和尚に反発を強めた。また潜伏キリシタンを何とか穏便に対処できないかと考えていた高浜村・今富村の庄屋である上田兄弟とも対立するようになり、和尚は鑑司を解任され、さびしく長崎に戻っている。

大成和尚が長崎に去ると、キリシタン探索に果たす江月院の役割は低下し、大江村の探索は遅れている。

大江村に置く隠密の要件

大成和尚が天草を去ると、江月院のキリシタン探索は進まなくなった。しかし、早晩、幕府の判断が示される。そうなったら、より実態に迫るキリシタン探索が求められる。文化元年（一八〇四）四月、藩当局は、江戸に伺いを立てる時点で大江村に家臣を隠密として送ることを検討している。要は、隠密として送り込む人物である。

家老の羽太十郎左衛門が隠密の要件として挙げているのが、「村方に入り込んでも村人の不審を招かないような生活ができる者」、「大事な御用向きを自覚し、勤め抜くほどの辛抱ができる者」、この二つの要件である。もっともな指摘といえる。

村にひょっこりやって来て、その日から村人に怪しまれずに生活し、村方のキリシタン探索の情報がとれる人物。そんな便利な人物がそうそういるはずがない。富岡役所は、頼りにしている高浜村庄屋の上田源作を内密に呼んで、適当な人物を選ぼうとしているが、源作も「今のところ、これといった人物が思いうかばない」と困惑している。

こうして家老の羽太十郎左衛門がたどりついたのが、「内外の医者の類いしかいない」という結論である。「内外の医者」とは、内科医、外科医のことである。医者であれば、「村方に入り込んでも、渡世の取り計らいが何とかなる」と判断した。「是非とも大江村に医者一人は入れたい」。羽太のもとで人さがしが始まった。

隠密の外科医者

大江村に送り込む隠密は、なかなかこれといった適任者が見つからなかった。文化元年十二月中旬、幕府からの下知も届いた。幕府の判断も示された。信者の探索を急がねばならない。翌文化二年の正月になって、ようやく一人の家臣を「仮横目」として天草に送ることになった。仮横目とは、特定の用向きで派遣される臨時の横目という意味である。横目は通常、他国の探索・情報収集にあたった。天草に行くことは極秘だった。

鈴木林左衛門という家臣である。鈴木は目付頭という島原藩の監察・探索関係の役職にあり、隠密活動の素養もあった。しかも鈴木は牢人中に外科医者となり、数年前に島原藩に召し抱えられていた。家老の配下役人が鈴木の経歴に目をつけた。医者ならば大江村に入り、住みついて開業しても怪しまれる恐れは少ない。探せば適任者がいるものである。

家中の同僚にも内密の人事であった。表向きは仮横目として近国の情報収集を名目にして、鈴木は天草に向かった。鈴木は名前を変え、他国者として天草ではひとまず高浜村庄屋の上田源作のもとに落ち着き、それから外科医者として大江村に潜入する手筈になっていた。

ところが、その後の鈴木林左衛門の動きが定かではない。天草一件の顛末を記録した島原藩重臣・佐久間六郎兵衛の『天草吟味方扣』をみても、鈴木の行跡が出てこない。隠密となった鈴木林左衛門は高浜村に向かったのか、あるいは大江村に向かったのか、その後、プッツリと消息を絶っている。

もう一人の隠密医者

実は、大江村にはもう一人、隠密の医者が入り込んでいる。山川龍助という島原藩領の者である。文化二年（一八〇五）二月末、山川の姿が高浜村で確認できる。

高浜村庄屋上田源作の二月二十六日の日記に、「島原領小浜村の山川龍助という医者が、昨日、高浜村の問屋・伝三郎のもとに船を着けた。しばらく高浜村に逗留して治療にあたりたいということで、今日、当方のもとにやって来た」とある。源作の日記によると、山川は、一旦大江村に出かけているが、その後医者の立場をいかして方々を廻っている。源作の二月晦日の日記を原文で示すと、「大江医者殿、見廻られ候」とある。

上田源作が「大江医者殿」と呼んでいるように、山川龍助は大江村に家を持ち、開業していた。実は、この山川龍助を名乗る医者こそ鈴木林左衛門であった。鈴木林左衛門は、名も山川龍助と変え、島原領小浜村出身の医者というふれこみで高浜村を訪れていた。山川龍助は、事件後も山川龍助として現地の村々に現れている。隠密稼業に徹していた。

鈴木林左衛門こと、山川龍助は、文化二年三月十一日から今富・大江・崎津の三ヵ村において取り調べが始まったことで、同十五日に高浜村から大江村に移っている。上田源作の日記に、「山川様は大江から迎えが来て、お越しになった」と書かれている。大江村の側に山川を受け入れる者たちがいた。山川龍助に借家を世話したのは、村の鎮守、八幡社の神主である。世話してもらった借家は八幡社の横のちっぽけな小屋だった。山川の報告によると、九尺に二間の小屋である。ここで山川は外科医者として開業している。

八幡社の神主が、社殿の横の小屋を借家に世話したことは注目できる。山川龍助が移り住んで七日後、この八幡社の境内で大江村の村民集会が開かれている。八幡社横の山川の借家は、大江村の村民集会で決められた仏像・仏具の差し出しを見張る特等席だった。八幡社の神主は富岡役所と通じており、役所側の依頼で山川龍助に借家を提供したものと思える。蒲団や最低限の生活用具も神主が世話したのであろう。

隠密というと、なにやら恰好がよさそうであるが、実生活は、楽ではない。「まず、メシに困った」と、山川龍助は富岡役所に報告している。朝夕二食としても、メシは喰わなければならない。火をおこし、米をといでいる山川の姿を想像すると、何やら滑稽である。「日々の賄い方に困っています。賄い方の女性でも雇いたいところだが、そういう女性も急には見つからない」と山川はこぼしている。

村に入って日が浅い。患者も一日に一人か二人だった。患者から情報を取るわけにもいかない。山川が富岡に状況を報告した文化二年三月二十七日前後、大江村は緊迫した状況になっていた。大江村は、役人側の取り調べに応じるな、「しゃべったら殺す」という恐怖に包まれており、山川もうかつに歩き回ることもできなかった。隠密稼業も大変である。

4　諸方から入り込んだ隠密

文化元年（一八〇四）四月、長崎表で天草における潜伏キリシタンの存在が明るみに出ると、状況を偵察にきた隠密、密偵が天草にやってきた。そして翌年になって島原藩の取り調べが始まると、隠密はうようよしていたはずである。むろん、確認できる隠密などごくわずかである。

長崎奉行所の隠密

文化元年四月、長崎奉行所の地役人、末次忠助が天草の潜伏キリシタンの存在をかぎつけるや、奉行所から隠密が放たれたとみてよい。島原藩は、この末次忠助も長崎奉行所の隠密とみていた。末次の配下も天草に向かったはずである。天草には一町（富岡町）と八十七の村があるが、その三分の二の村は海に面している。人の出入りは激しい。全国から送られる流人も多い。隠密が紛れ込むなどたやすいことだった。

時には隠密が堂々と姿を見せた。文化元年九月中旬には、吉田盛助・牧惣次郎という二人の武士が今富村の普済庵を訪れている。二人は、「琉球船が天草に来航した際の確認にきた」と弁解した。それならば、普済庵の格道などを訪ねるはずがない。島原藩も「末次忠助と同類の連中だ」とみていた。

そもそも天草には長崎奉行所の出先機関が設けられている。牛深には長崎奉行所の配下役人が詰める遠見番所があった。長崎奉行所が天草の情報を取ろうと思えば、いくらでも取れた。実際、活動させていたであろう。島原藩も天草の情報が長崎に筒抜けだと覚悟していた。島原藩が最も緊張したのは、文化二年二月、長崎に来航したロシア使節レザノフに対応するため幕府目付として遠山景元が長崎にやってくる時である。ご存知、「遠山の金さん」である。幕府目付が、天草のことも調べるのではないか。富岡役所は「天草にも長崎奉行所の隠密がうようよしている」と実感していた。

鹿児島藩の公開質問状

近隣諸藩からの隠密も入り込んでいた。天草諸島を囲む鹿児島藩、熊本藩、久留米藩、佐賀藩、大村藩などはキリシタン探索の隠密を送り込んでいたとみてよい。熊本藩は、天草の有事に際して島原藩に加勢する立場にあり、当然、状況偵察の家臣、外聞の郷士などを派遣していた。外聞とは熊本藩の他国情報の収集に当った者である。平たくいえば、隠密である。天草で何かあれば熊本藩南部の芦北郡の郡代も外聞に出していた。これも来ていたであろう。

鹿児島藩は、密貿易との関係で下島南部の状況には注意を払い、下島に近い長島には情報収集にあたる郷士を駐在させていた。同時に鹿児島藩は、郷士を富岡役所に派遣し、正面からキリシタン探索の現状を聞いている。郷士は、用意していた質問事項に対する回答を求めている。

質問事項は、「いつごろ潜伏キリシタンの問題が起ったのか」、「心得違いの人数はどのくらいか」、「どのような信仰なのか」、「宗門吟味の役人は島原からどのくらい来ているのか」、「幕府からの役人はきているのか」、「仏像の数はどのくらい出ているのか。仏像はどういう形か」、「神変不思議の術を使う者はいるのか」、「事態の治め方はどうなる見込みか」、などである。

また、やってきた郷士は、潜伏キリシタンが唱える文句、オラショもいくつか書き留めている。

第六章　幕府に通報された六千人の潜伏キリシタン

文化元年（一八〇四）四月、天草下島西海岸の村々の潜伏キリシタンの存在は、知られたくない相手に察知された。長崎奉行所がかぎつけたのである。すると島原藩は、即座に幕府に事態を報告する準備にかかり、今後の対処方針について伺いを立てる行動をとっている。

1　長崎奉行に知られた

かぎつけた長崎の地役人

文化元年四月、長崎の島屋早太のもとに一人の長崎の地役人が訪ねてきた。島屋が島原藩の御用達商人であることを知っての訪問である。訪ねてきたのは、長崎奉行所の宣行事、末次忠助であった。末次は島屋に対し、「天草郡内に耶蘇信仰の者たちがいるという噂があるが、本当のところはどうか」

と尋ねた。単刀直入な質問である。これが始まりだった。天草の潜伏キリシタンの存在が外部にもれたのである。

文化元年四月といえば、今富村庄屋上田友三郎が、富岡役所にキリシタン探索の中間報告書を出してから二ヵ月余のことになる。友三郎がキリシタン探索を始めて一年余が経過していた。周囲にバレてもおかしくない頃ではあった。

末次忠助は長崎奉行所に勤める町人だった。長崎奉行所は幕府の地方組織である。規模も大きい。長崎の町人も地役人として奉行所の役目を担っている。奉行所全体のトップが長崎奉行であり、奉行所のなかで行政の実務にあたり、地役人を率いるのが長崎代官である。地役人の組織は二百余りに及んだ。末次忠助も地役人の一人である。

年行事というのは、長崎の町の自治を担う各町の町役人（惣町乙名）のうちから選ばれ、長崎奉行所に常勤し、町側とのパイプ役を務めた。したがって年行事は市中の噂や情報に通じていた。

末次忠助は後興善町の町役人であり、年行事として長崎奉行所に詰めていた。江戸初期の朱印船貿易家として有名な末次平蔵の末裔であろう。長崎奉行所の地役人が、天草における潜伏キリシタンの存在をかぎつけた。当然、長崎奉行に報告は上がっていたものと覚悟せねばならない。

長崎奉行所は、この時期、キリシタンに対する認識を変えていた。江戸時代も後期になると、キリシタンも禁教政策の上での観念的な存在になりつつあった。ところが最近になって、現実にキリシタンが存在するという事態に直面していたのである。

それも長崎奉行所のおひざ元、長崎に隣接した浦上村で潜伏キリシタン事件が起きていた。浦上村は、現在の長崎市でいうと中心市街に位置している。原爆の投下地として知られる平和公園を中心とする一帯の村である。

江戸時代も中ば、十八世紀に入るとキリシタンの摘発事件は絶えてなかった。江戸初期、豊後や尾張、肥前大村などでキリシタンが摘発されてから百年近くも経過している。禁教の大原則に変わりないにしても、キリシタンの存在など現実的には余り意識されることはなかった。そうした折、浦上事件が起きたのである。キッカケは浦上村の庄屋一派の密告とされている。

寛政二年（一七九〇）七月、長崎奉行所は、浦上村で十九人の潜伏キリシタンを捕縛し、入牢させた。ところが、証拠不十分で立件できなかったばかりか、村民を訴えた庄屋と長崎代官の手代との贈収賄が幕府に提訴されるなど、複雑きわまりない経過をたどっている。正直なところ、長崎奉行所の裁判記録を見ても、双方の主張がどこまで正しいのか、判断しかねるところがある。「浦上一番崩れ」といわれる浦上村の事件は、寛政七年ごろまでくすぶっている。結末もよく分からない。

潜伏キリシタンの扱いは何とも厄介だ、というのが長崎奉行所の本音だった。江戸初期のように、必ずしも信者が自分自身の意志で入信したわけではない。先祖から代々信仰を受け継いできている者が多い。御禁制とはいいながら、仏教とともに家の宗教となっている側面も有していた。百数十年の時間経過のなかで信仰の中味も大きく変わっている。本人の信者としての意識も多様化している。キリシタンを疑わしきレベルで即、処罰できない時代となっていた。処罰するにしても、キリシタンと認定しうる明白な証拠が必要だった。

長崎奉行所は、以前から天草にも潜伏キリシタンがいることを認識していた。浦上一番崩れにおいて、浦上村の庄屋側が天草から異仏を手に入れ、キリシタン告発の証拠としていたことからも、容易に想像できた。また、崎津村で唐船の長崎曳航賃金をめぐって騒動を起こしている漁民のなかにキリシタンが多いことも、情報として入っていたであろう。

そうした折、末次忠助は、天草に潜伏キリシタンがいるとの情報に接した。その人数も浦上村などの比ではない。数千人という噂もある。末次忠助は、奉行の耳に入れる前に、もう少し正確な情報を得ようと島原藩出入の島屋早太のもとを訪れたものである。

腹をくくった島原藩

島屋早太は、島原藩の長崎聞継である松本九郎右衛門を訪ね、天草の潜伏キリシタンに関する情報がすでに長崎奉行の耳に入っているかも知れないと伝えた。長崎聞継とは島原藩の長崎駐在の家臣である。長崎奉行所との間に立って情報収集・仲介実務を果たした。松本は、早速、家老の羽太十郎左衛門に通報した。

羽太は即座に腹を固めている。ここに至れば腹をくくるしかない。正面突破である。長崎奉行に現状を伝え、幕府に家臣を送って今後の判断を仰がねばならない。羽太は、そう考えた。正直なところ、天草の統治に当る島原藩の富岡役所は、以前から下島の西海岸の村々に相当な人数の潜伏キリシタンが存在することを薄々は感づいていた。富岡から南下すれば問題の村々である。

感づいていても、潜伏キリシタンの存在が地域に根づき、村方の日常社会がそれで保たれているのであれば特段の問題はないと判断していた。それゆえ、潜伏キリシタンの存在が明るみに出ても、島原藩は禁教の原則をふりかざして性急に対処するようなことはしなかった。

天草下島の西海岸では百姓一揆がつづいている。潜伏キリシタンの信仰も一揆の根底にある社会不安・不満と何か関係があるかも知れない。潜伏キリシタンの人数も尋常ではない。現地をいたずらに刺激してはいけない。潜伏キリシタンの村方に仏教不信心の不心得を諭し、事態を穏便に鎮静化させる。こうした空気が強かった。

富岡役所で宗門行政の指揮にあたっている大竹仁左衛門が、そうした考え方の中心だった。大竹が鎮静化の参考にしたのが、高浜村庄屋の上田源作である。高浜村にも白木河内の集落を中心にかなりの潜伏キリシタンが存在していた。上田源作は自前で準提観音の御札を印刷し、村民全員に配るなどして村方を落ち着かせようとしていた。

そして大竹は、今富村のキリシタン探索のために源作の弟、友三郎を庄屋として送り込んだ。キリシタン探索によって信者組織の実体をつかみ、連中に信仰の証拠に示し、潜伏キリシタン組織を改心の方向へともっていく、これが大竹のねらいだった。

しかし、潮目は変わりつつあった。文化元年四月、島原藩重臣の川鍋次郎左衛門が富岡役所に乗り込み、崎津村のキリシタン探索に着手した。崎津村における唐船（中国船）の曳航賃金をめぐるキリシタン漁民と庄屋との騒動を捜査し、これを糸口に潜伏キリシタン組織の探索を進めるというものである。大竹仁左衛門の穏便路線が後背に退いた。そこに長崎間継からの急報がもたらされたのである。

長崎奉行との想定問答書

長崎からの急報を受けると、島原藩は、即座に家老の羽太十郎左衛門を中心に対応策をねっている。まず、長崎聞継の松本九郎右衛門を長崎に向かわせ、長崎奉行側と面談する手はずを整えさせた。ついで幕府に天草の状況を報告し、今後の判断を仰ぐための伺い書の原案を作成し、重臣の佐久間六郎兵衛と、富岡役所でキリシタン探索を指揮している大竹仁左衛門を江戸に向かわせることにしている。

今から二十年近く前のことである。島原藩松平家の家臣であった佐久間家の古い家屋が解体された。すると一冊の和綴じの書物が出てきた。『天草吟味方扣』と題された一冊である。これは、佐久間家の祖先、佐久間六郎兵衛が、長崎での潜伏キリシタン発覚を契機に、関係する書簡類を集めて事件の経過をまとめたものである。

筆者は、本書を通読して、当時の島原藩の政治中枢の政治感覚、危機管理能力の高さを感じた。重臣の佐久間六郎兵衛は、長崎で潜伏キリシタンの存在がバレたと分かるや、即座に藩内外の関係書類を集め始め、これらをもとに事件の経過を一冊の冊子にまとめている。

佐久間六郎兵衛の『天草吟味方扣』にみるかぎり、島原藩は、長崎の浦上事件のような先例となるキリシタン事件の存在を意識していない。調べた形跡もない。あくまでも主体的に天草を預かる大名家として対処方針を決めている。表現が妥当かどうか問題だが、天草の潜伏キリシタンたちは、島原藩が対処にあたったことが幸運であった。

さて、家老の羽太十郎左衛門は、長崎聞継の松本九郎右衛門を長崎に向かわせる際に、長崎奉行側からの尋ね方を想定して、想定問答書を作成し、持たせている。気のつく男である。次のような想定問答である。

(問) 怪しい仏像を取り扱っているとの風聞があるが、どのような仏像か。

(答) 怪しい仏像が残っているとの風聞は以前からあるが、具体的な仏像があるから風聞が生まれたのではない。

(問) 隠密を村方に入れているとのことだが、島原藩の扶持人か。現地の者か。

(答) 扶持人である。

(問) 信者たちが講会（ミサ）などを行っているとのことだが、いつごろから始まったものか。また、どのくらいの人数が集まっているのか。

(答) いつごろからか、どのようなものか、分からない。

(問) 崎津村・今富村・大江村の者たちは、全員が疑わしいのか。

(答) 人数など、確かなことは分かっていない。

(問) 今は探索だけなので問題もないが、証拠を押さえたり、取り調べとなると村方が騒動に及ぶかも知れない。その手当てはあるのか。

(答) 村方に悟られないよう外部から取り調べを行っている。役所の手で取り調べできるような手掛りが得られるならば結構なことであり、騒動が起きれば対応する。手は打っている。

(問) 崎津・今富・大江の三ヵ村は切支丹宗旨の聞こえがあった。仏像などを押収しているのであれば、長崎へ早く出向かれてしかるべきだったのではないか。

(答) 拙者は仏像が取り上げられているかどうかは知らない。担当の役人に聞いてお答えする。

島原藩は、天草の村々で問題になっている信仰を「切支丹」と明言し、以前からその存在を認識していたことを認めている。全体として仏像などを押収していながら、長崎奉行への通報が遅れたことを釈明したような自問自答となっている。想定問答は、おおむね実状を反映しているが、「切支丹」信者の人数については「確かな人数は分かっていない」と答えている。

実は、この時点で富岡役所は、今富・大江・崎津三ヵ村の潜伏キリシタンの人数が五千程度に及ぶことをつかんでいた。しかし、長崎奉行側への釈明の想定問答には「五千」という数字は盛り込んでいない。盛り込みたくもなかった。盛り込むと、話しがややこしくなる。「確かな人数」は、これからということにした。

長崎奉行の判断

島原藩長崎聞継の松本九郎右衛門は、長崎奉行側との想定問答書を持って長崎に向かった。もっとも、幕府の高官である長崎奉行に簡単に会えるわけではない。長崎奉行への用件は、奉行の側近である用人や、取り次ぎにあたる聞継役の関門を通らねばならない。用人の筏源右衛門は老練な人物だった。

筏は、松本九郎右衛門の説明にうなずき、「天草は以前もことがあった場所であり、ご心配はもっともです」と、島原藩の立場に理解を示した。筏の発言は、今回のキリシタンの発覚が、以前に起こった島原・天草一揆（島原の乱）と何か関係があるのか、という疑問に通じるが、筏は深くは言及せず、「お話しがあったことは、奉行に内々お伝えします」と返答した。松本は、用人に会った感触から、大事には至るまいと思いつつ、「長崎奉行が、どういう判断を示されるのか分からない」と島原の家老衆に伝えている。

長崎奉行成瀬定正が判断を示したのは、文化元年七月十九日のことである。松本が長崎奉行の用人らに面談して二ヵ月以上経過していた。長崎奉行所は天草に隠密を派遣して、島原藩の報告の裏をとったはずである。

なにしろ、下島南部の牛深には、長崎奉行直轄の遠見番所がある。出先機関を通していくらでも情報は取れた。島原藩が口をにごした五千という人数もつかんでいた。その上での判断である。

七月十九日、長崎奉行は、用人の筏源右衛門を通して島原藩側に回答した。「島原藩からの伺い書を熟覧したところ、しごく尤もに思う。当方に異存はない」というものであった。長崎奉行は、幕府に届け出るという島原藩の方針に同意した。

こうして島原藩は、天草の邪宗一件の扱いについて幕府の判断を仰ぐことになった。

2　長崎で暴露されたキリシタン探索の内幕

島原藩が、長崎奉行の同意を得て天草の一件を幕府に届け出ようとした矢先、長崎でとんでもないことが起った。天草のキリシタン探索・異仏鑑定に招かれていた大成和尚が、長崎に戻ると天草でのキリシタン探索の内幕を暴露していたのである。

ぶちまける檀那寺の和尚

文化元年（一八〇四）四月ごろ、長崎では天草の潜伏キリシタンに関する風聞が流れた。噂の発信源は、ある人物のおしゃべりだったと思われる。長崎の晧台寺大同庵から大江村の江月院の鑑司に招かれていた大成和尚である。江月院は、問題となっている今富・大江・崎津などの村々の檀那寺であり、大成和尚は、現地でキリシタン探索・異仏鑑定にあたっていた。噂の出どころとしてこれほど確かな人物はいない。

大成和尚は、一年ほど江月院にとどまった後、今富村庄屋の上田友三郎が富岡役所にキリシタン探索の中間報告書を出す文化元年二月をさかいに、友三郎の日記から姿を消している。和尚は、前年の三月、江月院の鑑司に招かれているが、やがてキリシタン探索をめぐって江月院で孤立し、上田友三郎や、友三郎の兄、高浜村庄屋の上田源作とも対立した。

大成和尚は、文化元年二月に入ると鑑司を解任され、同年三月六日の夜、大江を立ち、長崎に帰っている。見送りや餞別を拒否した夜の船出となっている。何とも物悲しい和尚の帰国である。それだけに胸中の憤懣が察せられる。大成和尚は、自分ではキリシタン探索に力を尽くしてきたと思っているだけに、長崎に戻ると周囲に不満をもらし、天草でのキリシタン探索の内幕を暴露していた。和尚が長崎に戻り、末次忠助が風聞を聞きつけた時期は確かに符節している。

文化元年八月八日のことである。島原藩の長崎聞継である松本九郎右衛門は、長崎奉行の用人、筏源左衛門から火急の書面を受け取った。「内々にお目にかかりたい」というものである。尾籠な話しで恐縮であるが、当時、松本は立てないくらい、ひどい痔に苦しんでいた。そこで、代わりに島原藩の御用商人である島屋早太を筏のもとに向かわせると、筏は次のように語った。
「江月院の大成和尚が方々で天草の宗門一件を口外しているようだ。奉行所の隠密に探らせたところ、松本殿から内々に聞いていたことと相違ない。島原藩も天草の一件には慎重に対処されようとしているが、長崎市中に噂がひろまったら水の泡になる。奉行も心配しておられる」。このように筏源左衛門は語り、「大成が佐賀のほうに出かける前に口止めした方がよい」と忠告した。

和尚が語るキリシタン探索の内幕

長崎聞継の松本九郎右衛門は大成和尚と会った。会うに際して、家老の羽太十郎左衛門は松本に指示している。「和尚の機嫌を損じないように、自慢話につき合え。接待し、金も金子三百疋ほど握らせ、その上で口止めせよ」。

松本は役宅で和尚と会った。大成和尚は酒は飲まなかったが、出された料理を全て平らげ、上機嫌で天草でのキリシタン探索の内幕を語った。

和尚の批判の舌鋒は、まず庄屋以下の村役人に向けられた。和尚は庄屋・村役人とともに村方を廻るなかで、庄屋たちには愛想をつかしていた。「庄屋が私利私欲に走っており、百姓が困窮に陥っている。とくに大江村はひどい。庄屋・村役人の百姓に対する姿勢があれでは、百姓は救われない」と批判し、「つまるところ、貧困から邪宗信仰は起こっている」、と潜伏キリシタン問題の本質を看破している。

「とくに大江村はひどい」。和尚は、自身がいた江月院の在所を批判した。確かに大江村は、天草のなかでも身分格差の大きい村方だった。当時の大江村には四十九人の頭百姓がいたが、全員が名子という隷属的な農民の所有者だった。頭百姓が村の正式の構成員、一般にいう本百姓であり、それ以外は頭百姓の名子で構成されていた。頭百姓と名子の経済格差も大きかった。頭百姓のうちの何人かは高利貸で富裕化して天草特有の銀主となり、名子など下層・貧困層が村に滞留していた。大成和尚が、「とくに大江村はひどい」と批判するのは、こうした村の現実をさしている。

高浜村庄屋の上田源作にしても、大江村庄屋（大江組大庄屋）の松浦五郎八や崎津村庄屋の吉田宇治平にしても、世襲庄屋は経済的な実力者でもある。いずれも土地・家財を集積した富裕者であり、その対極には大勢の貧困者がいた。「結局、貧困ゆえに邪宗信仰がさかんになっている」と和尚は語った。

そして大成和尚は、キリシタン探索の大変な内幕を暴露している。高浜村庄屋の上田源作についての和尚の見方である。和尚は、「富岡役所の方では上田源作のことを買っているようだが、あれは大変な食わせ者だ」と批判した。自分を解任に追い込んだ張本人なだけに、用捨なかった。ただ、和尚の批判には根拠もあった。

大成和尚は松本に対し、「お手前は邪宗信者がいる村方は、今富・大江・崎津の三ヵ村と聞かされているだろうが、実際には高浜村にもいる」と断言した。実際、そのとおりだった。「上田は、富岡役所に取り入って、自分の村に探索が及ばないように手を回した」、「上田は他の村にはきびしく、自分の村には甘い」と泡を飛ばした。これも当っているといってよい。

和尚はキリシタン探索にはきびしかったが、見識もあった。「庄屋・村役人がこういう状態であり、お上がきびしく命じないと邪宗信仰は収まらない」。こう言い捨てると、大成和尚は金子三百疋を握って帰っていった。今の金額で数万円が和尚の口止め料となった。

3　幕府に持ちこまれた難題

島原藩が、幕府に持ちこんだ天草の潜伏キリシタンの問題は、難題だった。ともかく、その人数が尋常ではない。「あのキリシタン一揆（島原・天草一揆）があった天草に、今も五千人の邪宗信者がいるとは」。幕府老中らの偽らざる実感だった。

完成度の高い幕府への伺い書

島原藩は、天草の潜伏キリシタンの存在が長崎奉行に察知されると、家老の羽太十郎左衛門を中心に幕府に届け出る伺い書の原案を作っている。これが、よくできている。

感心するのは、長崎奉行に情報がもれた時点で、島原藩の中枢が、「五千余」の潜伏キリシタンをどのように扱うか、基本方針を決め、以後、ブレることなく基本方針の実現に向けて突き進んでいることである。

島原藩の基本方針とは、「五千余」の潜伏キリシタンを処罰せず、もとの状態、仏教信仰の正路の状態に戻すというものである。そのために性急な取り調べをせず、余裕を以って柔軟に対処していく基本方針を幕府に認めてもらう。「気長な取り扱い」。これが幕府に求めた島原藩の基本方針を集約するスローガンである。これを幕府に認めさせるための伺い書の主要な論点は、次のようなものとなっている。

○天草郡は、以前、邪宗信仰がさかんだった場所であり、以前の風儀が残っているとの風聞を受け、探索を始めた。
○怪しき宗門の者が五千余いる。
○探索の結果、判明した頭立ちの者、仏像所持の者は次のとおりである。
（名前省略）
○仏像所持者のうち檀那寺の江月院が怪しき仏像として取り上げたのは、今富村の伴助、大江村の徳蔵、崎津村の万蔵のものである。
○檀那寺の江月院では証拠となる三体の仏像を取り上げているが、現在は表立った吟味を見合わせている。崎津村で起きた唐船の長崎曳航賃金をめぐる騒動の取り調べを糸口に村方への吟味を進めていくつもりである。
○邪宗信仰は近年起ったものではなく、先祖から引き継いできたものである。急に村方を吟味すると、徒党・逃散など騒動に及んだり、村潰れになったりするので、気長に取り扱い、仏教信仰の正路に戻るように教化に努める。

島原藩の主張点は、最後の条文、潜伏キリシタン問題を「気長」に取り扱うということにつきる。天草に「五千余」の潜伏キリシタンが存在することを認めつつ、邪宗信仰が近年に起ったものでなく、先祖から引き継いできたものであり、今後、幕府の指示を得て村方の吟味を行うが、彼らを処罰せず、仏教信仰の本心に戻すために、気長に取り扱うことを求めたものである。五千余の潜伏キリシタンを出していながら、幕府に対して彼らを「処罰しない」、「気長に取り扱う」など簡単にいえるものではない。

島原藩は、それをあっさり主張している。

島原藩は、こうした基本方針を固め、幕府との交渉に臨むことになった。島原藩の重臣、勘定奉行の佐久間六郎兵衛と、富岡役所でキリシタン探索を指揮した大竹仁左衛門が江戸に向かうのは、文化元年七月二十五日のことである。

幕府役人も断わった難題

文化元年八月二十六日、佐久間六郎兵衛と大竹仁左衛門は江戸に着くと、早速、活動を開始している。持参した伺い書を、幕府の勘定奉行に提出する正式の文書として仕上げなければいけない。そのための窓口になったのが、評定所留役と呼ばれる旗本である。

幕府に提出される伺い書は、おびただしい数量に達する。そのために伺い書は事前チェックを受けた。チェックするというか、文章指南を行ったのが評定所留役の旗本である。留役が太鼓判を押した伺い書は、幕府にスムーズに受理され、伺いの内容もかなえられた。島原藩江戸留守居の川口長兵衛が推薦した評定所留役は、旗本の吉田虎次郎である。吉田家は代々評定所留役を務めた家柄であった。

九月五日、佐久間と大竹は幕府評定所を訪れた。留守居から吉田のほうには打診されているはずであるが、なぜか吉田虎次郎は出仕していなかった。ただ一人出仕していたのが、佐久間が「左近殿」と呼ぶ旗本である。

左近は、佐久間と大竹から伺い書の趣旨を聞くと、「よく理解できました。ただ、おっしゃりたいことは全て伺い書に書いていただきたい」と注文をつけ、修正点として頭立ちの者、仏像所持の者の名前を削除するようにアドバイスした。名前を出すことは、邪宗信者を処罰しないという方針と矛盾するではないか、という指摘だった。指摘は、そのまま活かされている。この左近殿もなかなか有能な留役であった。

佐久間と大竹は、九月六日、七日と連日、評定所を訪れているが、吉田虎次郎には会えなかった。どうも吉田は避けているようである。江戸留守居の川口長兵衛が動いて、やっと吉田に会うことになったのが、九月八日である。吉田虎次郎は川口長兵衛に対し、天草の一件を引き受けることをキッパリ断わっている。

それは、そうだろう。幕府のお膝元にいて、遠く離れた長崎の近くの天草で五千人ものキリシタンが見つかった。その事件に関わる幕府への伺い書だと聞けば、誰だって二の足を踏む。吉田は、「これは大変な事件だ」と直感し、評定所に取り次ぐ役目を断ったのである。最初から島原藩からの依頼を避けていた。ただ、江戸留守居の川口長兵衛が懸命に働きかけ、「ともかくアドバイスだけはしましょう」ということで、佐久間と大竹は、吉田のもとを訪れることになった。

吉田虎次郎は、「自分の屋敷でお会いするので、目立たないように略装でおいでいただきたい」と注文をつけた。正装で来られると、こっちも本式の対応をさせられかねない。いかに吉田が天草からの依頼事を避けていたかが分かる。

しかし、そこはお上りさんである。佐久間と大竹は麻上下の正装で吉田のもとを訪れている。佐久間と大竹としては、島原藩の命運が吉田虎次郎にかかっている、という心境だったのかも知れない。二人を迎えた吉田の渋面が見えるようである。

佐久間と大竹は、ようやく吉田虎次郎に会うことができた。吉田は天草の事件を重大視していた。「ご心配はお察しする。拙者も役目柄、色々な事例を知っているが、今回の伺い方は似通った事例とは時日も違う」と吉田はいった。吉田のいう「似通った事例」とは、最近起こった長崎近郊の浦上事件ではない。

吉田の念頭にあったのは、江戸初期のキリシタン摘発事件である。キリシタンは厳しく処罰されたが、一つの事件で摘発されたキリシタンは、せいぜい数百人といったところである。天草の事件とは時期も違うし、規模も違いすぎる。五千という人数は、とんでもない規模である。なのに、この連中は「気長に取り扱う」といっている。

吉田は本題に入った。吉田と佐久間・大竹との間で論議となったのは、「気長な取り扱い」という島原藩側の本意であった。吉田虎次郎は、佐久間と大竹がくり返す「気長な取扱い」という島原藩の基本姿勢に批判的だった。吉田は、島原藩側の方針を批判し、やはり、天草の事件には早急な厳しい対処の必要を指摘したものと思える。

佐久間と大竹は、「幕府が早急の糺し方を命じられるのであれば、御請けできない」と吉田にキッパリと言った。この佐久間と大竹の言葉が吉田を動かし、幕府への伺い書提出につながった。「気長な取り扱い」を認めないのであれば、天草のキリシタン問題から手をひくと主張したのである。

天草は幕府から預かった領地である。代々の領主から支配を引き継いできた。その幕府からハシゴを外されるのであれば、こんな厄介な問題から手をひかせていただく、と公言した。いい度胸である。ハッタリといってよい。

吉田虎次郎は二人の迫力におされたのか、「多分、島原藩の主張の方向になるだろう」との理解を示し、当番の勘定奉行のうち、「石川殿（忠房）は扱いが手きびしいので、松平兵庫頭殿（信行）に伺い書を出した方がよい」とアドバイスした。

六千人に修正された潜伏キリシタン

文化元年（一八〇四）十月五日、島原藩は、預かり地である天草の潜伏キリシタンの扱いについて、幕府の指示を仰ぐべく藩主松平忠憑の名で勘定奉行松平信行に伺い書を提出した。

伺い書は、吉田虎次郎ら評定所留役のチェックを受け、修正されていた。主な修正点は、潜伏キリシタン組織の頭立ちの者、仏像所持の者の名前リストを全面削除していることである。妥当な修正といえる。頭立ちの者、仏像所持の者の名前を公表すれば、島原藩が強く意識している邪宗問題の「気長な取り扱い」と矛盾しかねなかった。

実は、もう一点、島原藩は独自に修正していた。邪宗信者の人数を五千人から六千人に上方修正している。五千人という数字も、評定所留役の吉田虎次郎が二の足を踏むほど人数であるのに、伺い書ではさらに千人が上積みされている。むろん、江戸に派遣された佐久間六郎兵衛と大竹仁左衛門の判断である。

大竹は天草のキリシタン探索の内情に精通していた。潜伏キリシタンの存在が今富・大江・崎津の三ヵ村だけではないことも知っていた。大成和尚が長崎で暴露していた高浜村における邪宗信者の存在も知っていた。知っているどころか、その事実を握りつぶしたのは大竹自身だったといってよい。ほかに怪しい村方もある。

大竹仁左衛門は、後々のために、「千人程度増やしておいた方がよい」と判断し、佐久間六郎兵衛も同意したことで、潜伏キリシタンの人数を六千人に修正し幕府に届け出た。六千人。空前の潜伏キリシタンの規模となった。

実は、幕府は事態を憂慮していた

島原藩が伺い書を出して一ヵ月、文化元年十一月五日、幕府は、島原藩に対し天草の潜伏キリシタン事件への対処方針について回答した。幕府の回答といっても大仰なものではない。伺い書に回答の付け札が貼り付けられているだけである。付け札は次のようなものである。

書面で伺いのあった宗門の儀につき、次のように回答する。宗門の疑わしい者どもの糺し方については、見込みどおり取り計らえ。もっとも、欺いたような手段で宗門を糺す際に、下々の疑惑を招かないように、終始信を失わないように吟味を申しつけよ。

簡単な文面である。簡単であるゆえに、凝縮された言葉のなかに、幕府の深い憂慮を感じる。正直いって幕府は、島原・天草一揆が起きた現場で六千人にのぼる潜伏キリシタンの存在が明るみに出たことに、仰天したと思える。「天草・島原ではキリシタンたちは根絶やしになったのではないのか。しかも、一揆から百六十年以上もたっている。その天草に六千ものキリシタンがいたとは」。長崎の浦上村で十九人のキリシタンが密告された事件などとはくらべものにならない。ケタ違いの人数である。

この年の九月には長崎にロシア使節のレザノフが来航している。これから外国使節も次々にやってくるだろうし、外国船はさらに増えつづけるだろう。鎖国体制を引き締めなければならないと感じていた矢先の事件である。六千人という潜伏キリシタンの存在は、やはり、幕府に鎖国体制のゆるみというものを自覚させた。以下、幕府首脳の回答にこめた思いである。

六千人の潜伏キリシタンの扱いをどうするか。長崎奉行の手におえる人数ではない。幕府の手が入れば、現地も身構えるであろう。ここは島原藩に任せるより他はあるまい。その島原藩が、急がず、「気長な取り扱い」を申し出ている。それも認めよう。しかし、島原・天草一揆以後、百数十年にわたって六千というキリシタンが潜伏してきたことは、政治がなめられていることでもある。

島原藩は、崎津村という漁村における唐船曳航の賃金をめぐる騒動を口火に潜伏キリシタンの取り調べに入るなどといっているが、こんなことで大丈夫なのか。気をつけよ。策を弄して、下々の疑惑、侮りを受けてはいけない。今回の潜伏キリシタンの糾明を通して、下々の政治に対する信頼、政治の威信というべきものを高めよ。

老中ら幕府首脳が言いたかったのは、こういうことであったろう。島原藩は勘定奉行に伺い書を出したが、とても勘定奉行レベルで判断できる問題ではなかった。将軍臨席のうえで老中の審議にかけられた。幕府の最高会議にかけられたのである。幕府首脳が審議を重ねたうえでの回答だった。

十二月四日、勘定奉行松平信行は、島原藩の江戸留守居を呼び、「今回の天草の件では、お上（将軍）にもお世話をかけ、老中衆も甚だ心配された」と内情を説明した。「島原藩は幕府の寛大な回答を得て安堵しているようだが、幕府はこの難題の扱いに苦慮したのだ」、と悠長な島原藩の動きを一喝した。「今後はこまめに経過を幕府へ通報せよ」。

第七章　ベールを剥がされた潜伏キリシタン村落の信仰

年が明けた文化二年（一八〇五）三月、ようやく島原藩による潜伏キリシタン村落の取り調べが開始された。幕府に届けた潜伏キリシタンの人数は六千人である。富岡役所が「恐れを感じる」と嘆息したほどの人数である。潜伏キリシタンの村々は、信仰のベールをどのようにして剥されたのであろうか。

1　始まった村方での取り調べ

取り調べ役人の陣容

文化二年（一八〇五）二月二十日、島原藩による天草下島西海岸の潜伏キリシタンの村々の取り調べは、現地で総指揮にあたる郡方奉行の川鍋次郎左衛門が、富岡に渡海したことで開始された。

現地での取り調べの日程は遅れていた。幕府からの事件の扱い方に関する下知は、すでに前年の十一月に出ていた。この一年間、村方でのキリシタン探索は事実上、中断されていた。大江村のキリシタン探索にあたる隠密を置いたのが、この年の正月である。大江村・崎津村については、まだまだ内偵が十分ではなかった。しかし、幕府から早めの対応をせかされており、島原藩もついに村方の取り調べに踏み切った。

二月三十日、川鍋次郎左衛門は、富岡役所（富岡城）に村方の取り調べにあたる役人全員を招集し、会議をもった。まず、この席で村ごとの取り調べにあたる役人の陣容が確認された。次の面々である。

大江村
江間新五右衛門（富岡役所詰の山方役）、平井為五郎（志岐組大庄屋）、江月院鑑司の万機

崎津村
中原新五（久玉組大庄屋）、尾上文平（福連木村庄屋）、江月院の徳充・魯道

今富村
長岡五郎左衛門（御領組大庄屋）、上田源作（高浜村庄屋）、江月院隠居の海雲、今富村普済庵の格道

いずれも地元の役人と檀那寺の僧侶である。村方での取り調べには富岡役所の役人は加わっていない。地元役人の代表格が山方役の江間新五右衛門である。天草の広大な山々を管理する武士身分の地元役人である。富岡役所に詰めた。山方役の江間と大庄屋の三人が取り調べの中心となり、これに近隣の高浜村と福連木村の庄屋、檀那寺の江月院、末寺の普済庵の僧侶が加わった。江月院鑑司の万機和尚は、大成和尚のあと置かれていなかった異仏鑑定にあたる鑑司である。

取り調べ対象の三ヵ村の庄屋は、役人メンバーから外されている。外される理由があった。大江村庄

屋の松浦四郎八は、取り調べ対象の三ヵ村を含む大江組の大庄屋である。本来ならば、取り調べの中心となるべき立場にあった。

富岡役所を統轄する川鍋次郎左衛門は、「松浦四郎八は大庄屋としての資質の点で、崎津村庄屋の吉田宇治之助は、邪宗信者の漁民たちから村民を密告したと疑われている現状から外した」と説明している。富岡役所が送り込んだ今富村庄屋の上田友三郎も横並びで外された。

富岡役所で開かれた全体会議で確認されたのは、村方での取り調べの重要性である。邪宗信者たちは大禁を犯したのではないかと恐れ緊張している。性急に当れば徒党・逃散の恐れもある。なにしろ五、六千人の邪宗信者である。

邪宗信者が騒動を起した際の鎮圧のシュミレーションもしていた。最後の手段としては鉄砲の使用も想定している。しかし、騒動を起こさせてはいけない。そのためには村方での取り調べが重要である。

まず村方において、見知った地元の役人が村民の緊張を解き、決して悪いようにはしないので、ありていに申し出るように持っていく。村民たちの固い殻をやぶれば、あとはスムーズにいく。村方での取り調べにつづいて、大江村の大庄屋屋敷において追加の取り調べを行い、最後に富岡役所において邪宗信者全員を対象にした取り調べが考えられていた。

渡された取り調べの基礎データ

村方の取り調べにあたる役人には、取り調べの基礎データとして二つの書付が渡された。三ヵ村の潜伏キリシタン組織の頭立ちの者、仏像所持の者、牛殺しの者の名前が記された探索リストと、信仰内容に関する書付である。後者の書付は次のようなものである。

○ドメウゴ　シリミ　テリシヤ　キンタ　クワイタ　サバタ《精進》　セツタ《精進》

年中の月々を、この七日目ごとに日繰りをして祝日とする由。祝日は鉄物を避ける由。

○十一月を入りといい、二月を上がりという由。

○四足二足を決して食べない時もある。求めて食べる時もある由。

○頭分の者が死去し、葬った墓を善人殿の墓という由。

名前のリストも、潜伏キリシタンの信仰・習俗に関する理解も、ほぼ一年前の文化元年二月、今富村庄屋の上田友三郎が、富岡役所に提出したキリシタン探索の中間報告の時のものである。

一条目は、「ドメウゴ」（日曜日）から「セツタ」（土曜日）までの七日間を単位としたキリシタンの生活の基準となる曜日に関するものである。キンタとクワイタの順番が逆であり、正しくはクワイタ（水曜日）、キンタ（木曜日）の順序となる。今富・大江・崎津で集めた情報のうち曜日が正しいのは崎津村だけである。ここでは上田友三郎から出された今富村の分が記されている。

一条目の日繰りに関する文章では、役人たちもよく理解できなかったであろう。正確には太陽暦の七日間を当時の旧暦（太陰暦）に移し替え、月々の祝祭日を示したものである。ドメウゴの前の二日間は精進（絶食）の日とされた。

二条目もこれでは分かるまい。これは、旧暦十一月にキリストの死を悲しむ「悲しみの節」に入る「入り」があり、二月には「悲しみの節」が終わる「上がり」がある、ということであるが、要は潜伏キリシタンにとって最も重要な祝祭日となる降誕祭・復活祭について示したものである。三条目の四足二足とは、牛肉と鶏肉のことである。十一月と二月の降誕祭・復活祭やドメウゴの祝日には牛肉・鶏肉を神に供え、これを食したが、牛肉・鶏肉の調達は大変であり、食べる時もあれば、食べない時もあるとの記述になっている。

役人たちに渡された書付は、いずれも潜伏キリシタンの信仰生活を取り調べるうえで基本となる情報であるが、これだけの内容では、役人たちもこの書付をどう活かしていけばよいのか、十分理解できなかったとみてよい。説明できる者もいなかった。信仰内容については、取り調べの過程で理解を深めるしかない。そういう腹であったのであろう。村方での取り調べが開始されるのは、文化二年三月十一日である。役人たちは、それぞれも村方に散っていった。

今富村の取り調べ

今富村では、三月十日の夜、高浜村庄屋の上田源作が今富村に到着し、実弟で源作の養子となっている友三郎の庄屋屋敷に入った。海岸近くに迫る山々から迫地状に広がる村落の入り口付近に庄屋屋敷がある。上田友三郎の庄屋屋敷のとなりが今富村の世襲庄屋であった大崎家の屋敷であるが、前庄屋の遺児・大崎幾太郎は前年に死去していた。

庄屋屋敷が今富村の潜伏キリシタン取り調べの本部となった。翌三月十一日の朝、御領組大庄屋の長岡五郎左衛門が到着して今富村の取り調べが開始された。むろん、今富村庄屋の上田友三郎も取り調べに加わっている。

手順は決まっていた。まず、潜伏キリシタン組織の幹部というべき頭立ちの者を呼んで、今回の取り調べの趣旨を教え諭すことであった。呼び出しをかけたのは、西川内の太郎左衛門・用兵衛・伴助以下、都合二十四人である。二十四人の頭立ちの者のうち、二人は死去し、三人が不参した。すでに死去していた二人にも呼び出しをかけているところに、上田友三郎が作成した探索リストが、一年余にわたって放置されていたことをうかがわせる。

今富村担当の役人である長岡と上田は、集まった十九人を前に邪宗信仰の取り調べについての富岡役所の穏便な姿勢を説明し、あり体に申し出るよう諭した。

取り調べ対象の三つの村方では、取り調べの開始とともに取り調べの記録、『宗門心得違いの者糺方日記』が作られている。「宗門心得違いの者」という呼称は、島原藩が村方での取り調べを開始する時点から使い出した邪宗信者の呼び方である。この日の日記には「分かったことは何もない」と書かれている。十九人は異口同音に邪宗信仰との関わりを否定した。

その夜、長岡と上田は二人の百姓を呼び出した。官蔵と清右衛門である。昼間集まった十九人の一員であるが、官蔵と清右衛門は今富村の村役人だった。高浜村庄屋の上田源作との関係も深い。

官蔵は今富村の年寄代である。庄屋である弟友三郎の腹心といえる。清右衛門は、今富村庄屋の兼帯となった源作が村役人とした人物である。源作が信用を置いていた人物といえる。

源作は二人に向かって、「どうだ、正直に話してみないか。昼間、話したように決して悪いようにはしない」といった言葉をかけたであろう。官蔵と清右衛門の苦渋に満ちた表情を想像できる。しかし、二人が口を割ることはなかった。仲間を売るわけにはいかない。長岡と上田は、官蔵と清右衛門に村内の仲間と話し合うように促して二人を帰した。

三月十三日には、十一日の呼び出しに不参していた利左衛門・八郎兵衛と、万平以下の七人が呼び出された。万平ら七人は、上田友三郎の探索リストでは「カネテウシコロシ（兼ねて牛殺し）」とされた者たちである。九人の取り調べも大した成果はなかった。

長岡と上田は、しばらくの間、仲間との話し合いを促した官蔵と清右衛門からの反応を待つことにした。しかし、待てども官蔵と清右衛門の方から連絡はなかった。この間、地域の檀那寺である江月院の海雲和尚、村の檀那寺である普済庵の格道和尚の説法がくり返されているが、和尚たちの呼びかけに応じる者はいなかった。

取り調べを開始して十二日目、三月二十二日、しびれを切らした長岡と上田は、再度、頭立ちの者たちを呼び出した。官蔵と清右衛門もいる。しかし、頭立ちの者全員が、長岡と上田の問いかけに応じなかった。実は、今富村の潜伏キリシタン組織は、寄合を開き、「取り調べには、応じない」と取り決めていたのである。むろん、大江村・崎津村とも連携していた。今富村の取り調べは膠着した状態にあった。

大江村の取り調べ

大江村でも文化二年三月十一日から潜伏キリシタンの取り調べが始まった。取り調べにあたったのは地元役人のトップ、山方役の江間新五右衛門と志岐組大庄屋の平井為五郎である。今富村と同様に潜伏キリシタン組織の幹部、十一人の頭立ちの者が呼び出された。江間と平井は、今回の取り調べの趣旨を説明し、邪宗信仰について、ありに体に申し出るよう諭した。

彼らは、邪宗信仰との関わりをキッパリ否定した。「先祖代々受け継いでいる信仰があるとのお尋ねでございますが、そういったことはありません。申し伝えによって異国の仏を信仰するようなことは決してありません」。

江間は、「役所の方で調べはついている。隠していたら後々で重き咎めを受けるぞ。今のうちなら心得違いでお済ませになるご趣旨なので、異仏など持っていたら差し出すようにいたせ」と諭した。だが、頭立ちの者たちは、「ご憐愍のご趣旨はありがたいのですが、異法な信仰などしていません」と重ねて信仰を否定した。

江間も、村々が連絡を取り合い、口裏を合わせていることは承知していた。江間と平井は、頭立ちの者たちに「村の仲間たちとよく相談して、あり体に申し出るようにせよ」と申し渡して彼らを帰した。

そして三月十五日、頃合いはよしとみた江間と平井は、信者組織の中心的人物とみられる吉郎右衛門と恒兵衛を呼び出した。江間は、二人に「あり体に申し出よ。隠すと悪事を子孫に受け継がせることになるぞ」と諭した。この文句が効いたようである。江間と平井は、二人の態度から、二人が他の頭立ちの者たちと相談し、今後の対応方を話し合うだろうとみていた。読みは当っていた。

三月二十二日、江間と平井は、今富村・崎津村の担当役人に対し、すぐに大江村に集まるようにと通知を出した。大江村で変化のきざしがあったからである。

2　カギをにぎった大江村の動き

村々の取り調べは、文化二年（一八〇五）三月十一日から始められるが、最初の十日間は何の進展もみせなかった。呼び出された組織の頭立ちの者たちは邪宗信仰を否定しつづけた。しかし、取り調べ開始から十日を経過すると、頭立ちの者に軟化のきざしが見え始めた。カギをにぎっていたのは、大江村の動きである。

フェリエ神父の見た大江村

大江村の動きは、二つの点で重要である。一つには、軟化し始めた大江村の動きが、今富村・崎津村の動きにつながっていることである。三つの村は相互に連絡をとりあっていた。二つには、大江村の役人側に歩み寄ったような動きを額面どおりに解釈してよいのか、ということである。そこに、今富村・崎津村とも示し合わせた、村側のしたたかな計算が働いているとすれば、その始まりは、三月二十日ごろからの大江村の動きにあったことになる。

富岡城（富岡役所）がある現在の苓北町富岡から国道三八九線を南下し、下田・高浜を出て長い大江トンネルを抜けると、右手の丘に大江天主堂が見えてくる。天主堂から海手を眺めると、浅い谷底平野が大江の入江に向かってゆるやかに傾斜している。平地状の迫々に集落が分布し、やや奥まった越崎の集落に大江天主堂がある。

富岡役所によれば、「大江村のなかで邪宗信者がいないのは軍ヶ浦ぐらいである」といわれるほど、大江村は、迫（集落）ごとに信者が集まっている潜伏キリシタンの村であった。明治十五年（一八八二）ごろ今富・大江・崎津の村々を回った崎津教会のフェリエ神父は、大江村の状況について次のように記録している。

大江村　—　浜里、西、越崎、野中、尾ノ河内、横浜、唐崎、軍ヶ浦、向辺田の迫方（集落）、併せて家数九百軒ばかりなり。そのうちゼンチョー（異教徒）は七十軒ばかり。浜里、越崎、横浜、唐崎はキリシタンもゼンチョーもうち混ぜにして、軍ヶ浦、みなゼンチョーなり。浜里に寺あり。横浜に宮あり。水方六人あり。

フェリエ神父によると、明治十五年ごろの大江村の総戸数が約九百戸、そのうち信者が約八百三十戸であるので、キリシタンの割合は総戸数の約九十二％になる。驚異的な数字といえる。神父が高いキリシタンの割合を示すなかで、「軍ヶ浦、みなゼンチョーなり」としている記述は、先の富岡役所の見方と全く一致している。神父の記録の信頼性をうかがわせる。

文化二年の事件当時の大江村の総戸数が五百六十九戸であり、取り調べによってキリシタンの戸数が四百四十一戸、非キリシタンの戸数が百二十八戸と判定されているので、キリシタンの割合は約七十八％である。この数字も驚異的である。フェリエ神父の数字と比較すると、キリシタン割合の違いもさることながら、仏教徒の戸数が、明治にかけて大幅に減少していることが注目される。

また、文化二年当時、今富・崎津を含めた三ヵ村のなかで、大江村は信者割合が最も高い。高浜村を含めた四ヵ村の信者全体の四十％を大江村が占めている。大江村は最大の潜伏キリシタンの村だった。

そのことは、明治十五年当時、洗礼にたずさわる水方が六人もいたことにも示されている。それにしても、九十二％という信者割合は驚異的である。位置的に離れた軍ヶ浦を除くと、長い谷底平野状の大江村は、ほぼ全員がキリシタンだったことになる。

着目された村の格差社会

大江村担当の役人である江間新五右衛門と平井為五郎は、取り調べを進めるなかで、頭立ちの者たちが軟化するきざしを見せていると感じていた。大江村の頭立ちの者たちが、役人側に歩み寄る姿勢をみせたのは、同村が抱える村の身分格差に根ざしていた。

天草の村々では、先にみた寛政八年（一七九六）の百姓救済仕法の成立にみるように、銀主という突出した富裕者と下層・貧困層との経済格差が大きくなっていた。そして大江村には、さらに根本的な格差が存在した。名子制度である。大江村は天草の村々のなかでも典型的な「格差社会の村」だった。

大江村の名子制度に目をつけたのは、大矢野組大庄屋の吉田長平である。富岡役所のある富岡には郡会所があった。天草郡の十組・一町（富岡町）八十七ヵ村の自治機関であり、十組の大庄屋が交替で詰めていた。当時の郡会所詰が吉田だった。富岡役所は、遅れ気味の各村の取り調べ状況を把握するため、吉田長平を現地に送った。吉田は高浜村から大江村に入り、大江に入って九日後、文化二年三月二十四日に村内の状況を富岡役所に報告している。吉田は重要な見立てをしている。

吉田は、「大江村などは一統だと思っていたところ、そうではない」と書き出している。「一統」とは、村内が役人側の取り調べに対して結束している、まとまっているという意味である。吉田長平は、「大江村は決して取り調べに対して一枚岩ではない」とみていた。その理由として、吉田は、村内の百姓が名子主と名子という二重構成をとっていることを指摘している。

吉田長平は、「大江村には頭立ちの百姓が四十九人いるが、そのほかは全て頭立ちの百姓の名子である」という驚くべき村の内情を報告している。吉田のいう「頭立ちの百姓」とは、頭百姓のことである。江戸時代、村を構成する正式の百姓のことを一般的に本百姓というが、天草では本百姓のことを頭百姓といった。

つまり、当時の大江村は、村の正式の構成員である四十九人の頭百姓と、大勢の隷属的な名子で構成されていた。頭百姓は名子の所有者、名子主でもあった。名子の多くは、江戸後期には経営的にも自立しているものも多かったが、彼らは、「小百姓」「小前」と呼ばれ、頭百姓との間には厳然たる身分格差が存在していた。吉田が、頭百姓の数を四十九人と報告しているように、頭百姓の人数は株仲間的に固定され、名子が頭百姓になることを許さないような村の仕組みになっていた印象を受ける。

吉田長平の観察によると、大江村は、頭百姓と名子の身分格差が際立った村方だった。吉田は、村の運営で主導的な立場にある四十九人の頭百姓を手なずけていけば、大江村は何とかなるだろうと見抜き、大江村を何とかすれば、残る今富村・崎津村の膠着した状態も何とかなるのではないか、と報告している。

「大江村の方より何事も解けていくように見えます」と、吉田長平は報告を結んでいる。吉田の見立ては当っていた。三月二十一日、江間と平井が頭百姓たち全員を集めて改めて説得すると、頭百姓たちは説得に応じた。

「私どもが、小百姓たちによく申し諭しまして、持っている仏像を差し出し、あり体に信仰について申し出るようにさせます」。ここにいう「小百姓」とは名子のことである。頭百姓が江間と平井に語ったのは、まさに名子主としての発言だった。

役人衆が見守るなかの村民集会

文化二年三月二十二日、江間新五右衛門と平井為五郎は、今富村と崎津村の担当役人に大江村に集まるように知らせを出した。その日の夕方、大江・今富・崎津三ヵ村の役人は、全員が顔を揃えた。今富村担当の長岡五郎左衛門と上田源作は、大江村での出来事を見届けると、夜半に今富村に戻っている。それだけ大江村の動きが注目されるものだった。

三月二十二日の夕方のことである。大江村の年寄・頭百姓たちは、村民全員に八幡社に集まるように呼びかけた。八幡社は今の大江八幡宮のことである。八幡社の神主の家には大矢野組大庄屋の吉田長平がいた。江間以下の役人もここで村民集会の状況を見守っていたと思える。

吉田長平の報告によると、年寄・頭百姓は、「役座にて申し聞かせることがある」として、集まった村人に対し、「仏具などを持っている者があれば、今夜、八幡社に差し出すようにせよ」と申し渡した。「役座にて」とは、「庄屋になり代わって」という意味である。威張ったものである。

年寄・頭百姓たちが申し渡した村人とは、主に名子たちであった。年寄・頭百姓たちは、名子主として名子たちに今夜の仏像差し出しを申し渡した。

差し出されない仏像

役人たちに渡されていた探索リストによると、大江村は、今富・大江・崎津の三ヵ村のなかで、リストアップされた仏像所持者が最も多い。迫（集落）ごとにリストアップされているのは次の七人である。

上組

尾ノ河内　嘉助・吉郎右衛門
長尾　太吉
里　作之丞

下組

西　徳蔵
浜里　松右衛門・伊三右衛門

彼らは仏像の差し出しに応じたのであろうか。また、名子たちは名子主の指示に従ったのだろうか。ところが実際には、予期に反して三月二十二日の夜に仏像を差し出す者はいなかった。メンツをつぶされた格好の年寄・頭百姓たちは、翌二十三日にも八幡社で村民集会を開いている。しかし、この夜も仏像は出なかった。

なんと、年寄・頭百姓たちは、三月二十四日にも八幡社で村民集会を開いている。この夜、ようやく八幡社に仏像が差し出された。差し出されたのは四体の仏像と二つの鏡である。

探索リストの八人のうち、三月二十四日の夜に仏像を差し出しているのは嘉助と松右衛門である。嘉助は村内に二人おり、探索リストの嘉助かどうか分からない。松右衛門は風聞どおり「唐焼六角仏」を差し出している。

連日、集会を開いて呼びかけても仏像を出す者がいないので、年寄・頭百姓のうちから義務的に差し出した印象を受ける。名子に差し出させたのかも知れない。だから仏像の持ち主の名前も書かれていた。差し出された仏像は大したものはなかった。役人の江間新五右衛門は、「さしたる物はない。かねて異仏として用いている仏像・仏具のようには見えない。ことのほか雑物である」と富岡役所に報告している。

驚くべきことに、年寄・頭百姓たちは、三月二十五日にも、翌二十六日にも八幡社で村民集会を開いている。なんと五日連続の村民集会である。それでも三月二十四日の夜以降、仏像はサッパリ出なかった。

大江村では、江間と平井の説得に応じて年寄・頭百姓が歩み寄り、名子たちを招集して五日連続の村民集会を開いたことになる。しかし、仏像の差し出しに応じる者は出なかった。頭百姓たちも当初、態度を軟化させていたが、肝心の仏像の差し出しには応じていなかった。

実は、仏像を差し出すことがはばかられるような空気が、しだいに村内に生まれつつあった。大江村の情勢はにわかに険悪化していた。役人側に歩み寄った年寄・頭百姓に反発する気分が急速に広まっていたのである。

大江村に広がった恐怖――「しゃべったら殺す」

大江村では、連日村民集会が開かれても、仏像の差し出しに応じる者はいなかった。信仰内容の供述など、さらに応じる者はいなかった。「しゃべったら殺す」。こうした脅迫が、村中に広がっていたからである。

大江村に隠密として送り込まれ、八幡社の借家にもぐり込んでいた山川龍助の報告によると、年寄・頭百姓たちが連日の村民集会を開いたころから、村内は恐怖に包まれつつあった。大江村は異常な状況になっていた。

「一人でも役人側に申し出て、白状したならば、大勢で押しかけ、家族全員を殺す。大江村全体がそういう状況になっており、村民はお互いに牽制して、とても申し出る状態ではない」。山川龍助の報告である。

年寄・頭百姓たちは、一旦は役人側に譲歩し、連日の村民集会を開いたものの、その後、内部から激しい突き上げを受けた。そして村民集会とは別に寄合がもたれ、「今後は、仏像の差し出しには応じない、まして信仰内容の申し出には絶対に応じない」。こうした取り決めをしている。そして、一人の違反者も出さないように、村中に死の制裁の恐怖を植えつけた。

年寄・頭百姓たちを突き上げた中心は、名子や若者たちだったと思える。このままでは村の信仰組織が崩壊するとの危機感からであろう。村人数の多数を占める名子たちは、面と向かっての名子主批判は手控えつつも、「白状したならば、大勢で押しかけ、家族全員を殺す」との風聞を流し、村の空気を強硬路線に転換させた。山川は、「村中が厳しく申し合わせをしていて、発言できない状況にある」と報告している。

これでは仏像などサッパリ出なかったはずである。当初、役人側は、「大江村は切り崩せる」と踏んでいたが、大江村は意外にしぶとかった。したたかさを見せ始めた。

ただ村外的には、大江村の年寄・頭百姓たちが、一旦、役人側の懐柔に乗ったことは大きな意味をもった。大江村において全村民を集めて集会が開かれ、役人側への協力が呼びかけられたことは、すぐに今富村・崎津村にも伝えられている。

隠密の山川龍助は、三月二十七日の報告において、「しゃべれば殺す」という大江村の恐怖の状況について触れた後、次のように富岡に報告している。

「村に入って日も浅いこともあり、なかなか宗門についての情報がとれないが、家々をみると、仏壇の様子が変わっているように見える。村の連中も陰でコソコソと話し合っている。大江村の状況は急には変わらないだろうが、一人でも白状すれば、状況は変わりそうなので、村の頭立ちの者たちと、もう一度接触され、発言するように促されては如何だろうか」。

3　大江村につづいた今富村

軟化のきざしをみせた今富村

大江村において、村役人と頭百姓たちが、村民を村の鎮守に集めて村民集会を開き、仏像・仏具の差し出しを呼びかけたことは、今富村・崎津村の潜伏キリシタン組織に大きな影響を与えた。

文化二年三月二十二日、今富村担当の長岡五郎左衛門と上田源作は、大江村に出かける前、再度、探索リストの頭立ちの者、牛殺しの者を呼び出し、あり体に申し出るように説いた。予期していたように、彼らは一様に「一向に存じません」とくり返した。

長岡と上田は、その後大江村に出向き、村の鎮守で大江村の村民集会が開かれ、そこで仏像の差し出しが決められる状況を見届けると、夜のうちに今富村に戻った。今富村の村民の動きが大きく変わるのは、その日の夜である。今富・大江・崎津の三ヵ村は相互に連絡を取り合っており、大江村の村民集会の情報は、すぐに今富村と崎津村に伝えられていた。

その日の夜、急ぎ今富村に戻った長岡と上田は、村民全員を檀那寺の普済庵に呼び集めた。普済庵は小高い場所にある。敷地はさして広くない。寺の周りは村民であふれていたであろう。長岡は村民に呼びかけた。「大江村では村民全員で集会を開き、夜中、鎮守に仏像・仏具を差し出すことを決めた、今富村もこれにならってはどうか」。その夜、普済庵には二百人ほどの参詣があった。しかし、賽銭のほかは何もなかった。

翌三月二十三日は、今富村のキリシタン取り調べにおいて重要な一日となった。村民の姿勢が軟化したのである。まず、村中を代表して五人組の組頭たちが、揃って長岡と上田のもとに出向いた。

五人組の組頭が出向いていることが重要である。今富村でも村寄合が開かれ、五人組の組頭が役人側に申し出ることが決められている。当然ながら村寄合には非キリシタンの仏教徒も大勢参加している。村寄合では非キリシタンの村民も含めて、邪宗信仰の取り調べにどう応じるのかが話し合われ、村の共同責任として、五人組の組頭が役人側に申し出ることが決められているのである。彼らは申し出た。

「村中全体がこれまで心得違いの誤りをしてきました。今後は決して不埒なことはしないようにするとの血判証文を出すので、どうかお許しいただきたい。異仏はそのうち差し出すようにいたします」。

非キリシタンの村民も含めて、村民全員が村の責任として「心得違いの誤り」を認め、血判証文の差し出しを申し出ているのである。村民の血判証文である。村寄合の真剣度がうかがえる。しかし、長岡と上田は、この申し出を認めなかった。あくまで邪宗信仰の証拠となる異仏の提出を求めた。長岡と上田にとっても、ここが踏ん張りどころであった。

差し出された蛮国の異仏

三月二十三日、今富村において、村側の軟化の動きがつづいた。五人組の組頭につづいて、三人の百姓が普済庵の長岡と上田のもとを訪れている。平三郎・源右衛門・又八の三人である。普済庵には今富村庄屋の上田友三郎もいた。平三郎は今富村の年寄である。庄屋である友三郎の腹心といえる。源右衛門は西川内の正路の者である。三人は村寄合の代表として来ていた。

三人は、後日、名前の糾明がされないこと、命にかかわるような重い処罰をかけられないことが保証されるならば、夜分に氏神（今富社）の拝殿に仏像・仏具が投げ込まれるように村民に取り計らってみると申し出た。大きな前進である。早速、長岡五郎左衛門と上田源作は普済庵の格道と協議し、檀那寺の江月院の名前で平三郎ら三人に対し、仏像・仏具を差し出した者の名前を穿鑿しない、処罰しないことを保証する証文を出した。

平三郎ら三人は、檀那寺の証文をもらって寄合に戻った。そしてこの日の夜、村の氏神である今富社に最初の仏像が差し出された。差し出されたのは、土人形一つ、鏡一体、異仏二つである。土人形と鏡はたいしたものではなかった。ところが、二つの異仏は大変な代物だった。二つとも南蛮渡りの「蛮国仏」だったのである。

どちらも唐金製の異仏である。一つは、一寸（三㎝）ぐらいの長さのものであり、表裏ともに「人《ひと》形《がた》」と「紅毛文字」が彫られている。もう一つは、八分（二・八㎝）くらいの塔のようなものであり、塔のなかに「十文字」、もう一方に「紅毛文字」が彫られている。「人形」とはキリストの像であろう。「紅毛文字」とは、やはりキリスト教関係の文字であろう。いずれも今富村の潜伏キリシタンの信仰活動に用いられたものである。

むろん、異仏を差し出した者の名前はなかった。名前は、後日、四月一日に判明している。異仏を差し出したのは、西川内の太郎左衛門と用兵衛だった。異仏の一つ、「十文字」がある塔状の異仏は、太郎左衛門が差し出したものである。太郎左衛門は、四月一日に、「氏神の拝殿に差し出した、十の字の印のある仏像をデイウス様と拝んでおります」と供述している。

もう一つの異仏は用兵衛が差し出したものだった。同様に四月一日に、「氏神の拝殿に差し出しました仏像は、信仰を伝授された太郎左衛門の父親、孫助から譲り受けました」と供述している。

一年半ほど前、今富村庄屋の上田友三郎や江月院の大成和尚らの探索によって、太郎左衛門・用兵衛・伴助の三人は、今富村の潜伏キリシタン組織の中心的人物として浮びあがっていた。上田友三郎の探索日記が、三人の家宅捜索の場面から始まっていることは、先に見た。

三人は異仏の所持者と目星をつけられ、家探しによって伴助の仏像は江月院の大成和尚に押収されていた。そして今、太郎左衛門・用兵衛の異仏も差し出されている。今富村は信仰活動に必要な三つの仏像の全てを失ってしまったことになる。

明けて三月二十四日、長岡と上田は、今富村の探索リストの頭立ちの者たちを呼び出した。ついで全村民を呼び出し、前非を悔い、ひとえに御慈悲を願い出た誤り証文を出すように諭した。

こうして今富村では、全村民が取り調べに応じることに同意した。全村民が、である。仏教信仰の正路の者を含めた家頭（戸主）全員が名を連ね、年寄の平三郎と連名して、これまでの邪宗信仰についてあり体に申し上げ、以後は心得違いをおこさないように五人組で改め合うとの誤り証文を長岡ら役人側に提出している。誤り証文も、実際には役人側で作成され、家頭（戸主）全員が、自分の名前の下に印判を捺したものとみてよい。

文化二年三月二十四日、今富村は、全村民が役人側に服従する姿勢を示した。取り調べが始まってから十四日目のことである。

4　ついに出た信者の信仰告白

文化二年（一八〇五）四月一日は、天草下島西海岸の潜伏キリシタン組織の取り調べにおいて、画期的な日となる。この日、組織の側から信仰内容の申し出がなされたのである。

名乗り出た潜伏キリシタン組織の長老

今富村では、三月二十三日の夜に、組織の中心である太郎左衛門と用兵衛が、これまで信仰活動で用いてきた仏像を差し出した。そして翌二十四日には、村の全世帯の家頭（戸主）が連印して役人側に前非を悔い、今後、心得違いをしないことを誓っている。連日、村寄合が開かれていたと思える。村として誤り証文で誓ったことを、どう行動で示すか。

こうして文化二年四月一日を迎えた。この日の正午ごろのことである。今富村の一人の信者が庄屋屋敷の役人たちのもとを訪れ、自らの信仰について語ることを申し出ている。今富村の潜伏キリシタン組織の中心的人物とされている西川内の太郎左衛門である。太郎左衛門は、すでに三月二十三日、用兵衛ともども異仏を差し出していた。そして太郎左衛門は連日の村寄合をふまえ、この日、庄屋屋敷を訪れている。

太郎左衛門について、太郎左衛門とならぶ存在の用兵衛が、四月二日の取り調べにおいて、「私は、太郎左衛門の親孫助より異仏信仰の仕方を教えられました。三月二十三日の夜、氏神の拝殿に差し出した異仏も孫助より譲り受けたものです」と供述している。太郎左衛門の家筋は父親の孫助の代、それ以前から異仏を引き継いできた今富村の潜伏キリシタン組織の中心的存在であった。伴助は太郎左衛門に次ぐ存在である。伴助は、太郎左衛門の兄、庄次兵衛の婿養子であり、庄次兵衛の跡を相続し、仏像を譲り受けていた。

伴助はすでに一年半前、江月院の大成和尚によって仏像を押収されていた。養父の庄次兵衛から譲り受けていた仏像である。太郎左衛門も用兵衛も、先日仏像の差し出しに応じている。太郎左衛門は本家筋を相続しており、その仏像は今富村の信仰活動の中心的なものであった。今富村の潜伏キリシタン組織は、信仰活動に必要な異仏を三つとも手放していた。そして今、今富村の潜伏キリシタン組織の長老が、自らの信仰内容について語ってもよいと申し出ているのである。

長老が語る信仰内容

今富村の潜伏キリシタン組織の長老、太郎左衛門が語った信仰内容は、同村の『紀方日記』に書き留められている。太郎左衛門が持参した書付とみてよい。次のようなものである。

○天地のデイウス様、作り神と奉る。アンメンジンス　アンメンジンス。

○サントメ、サントメ、道のサントメ、ふりやうの煩い（不慮の煩い）、とんし（頓死）の咎、あくじさいなん（悪事災難）これなきように、ひとえに願い奉る。
○月々七日、七日を祝日と致し、四足二足を忌む。
○十一月の中（中日）を祝日と致し、四足二足（牛・鶏）を用い、それより五十五日過ぎを入りと言う。それより四十九日目を上がりと言う。この期間、四足二足を忌む。

分かりやすいように、平仮名を片仮名と漢字に改めるなど原文を適宜修正している。四ヵ条のうち、はじめの二つが祈りの文句、いわゆるオラショであり、次の二つがキリシタン暦の祝祭日に関するものである。簡単なだけに役人たちには理解できなかったと思える。役人には今富村のキリシタン探索にあたっていた庄屋の上田友三郎もいるが、長岡らに説明できるほどの知識はなかった。オラショに直接に接するのは初めてだった。

「アンメンジンス」とは、「アーメン　イエズス」のことである。信者たちが一日に何回となく唱えたのが、この「アンメンジンス」（アンメンリュス）である。「サントメ」で始まる二つ目が、天草の潜伏キリシタンの基本的な祈りの文句、オラショである。本尊のデウスを作り神に見立てているように、信仰は信者の日常生活に根ざしていた。「サントメ」（聖トメ）はキリストの十二使徒のひとりである。天草西海岸の潜伏キリシタン村落が、オラショの冒頭で「サントメ」と呼びかけたことは、よく知られている。

祈りの文句の基本形といえば、「天にましますわれらの父よ」に始まる主祷文（パアテルノウステル）であるが、天草下島の村々にはこれが見当たらない。「不慮の煩い」以下が、主祷文の変形したものとの見方もある。

いずれにしても役人たちが、すぐに呑み込めるものではない。長岡五郎左衛門も書付の内容が簡単過ぎて、よく分からなかったのであろう。太郎左衛門に対し、もう少し信仰内容を具体的に示した書付を出すように命じた。

潜伏キリシタン組織としての信仰内容の供述

太郎左衛門は、庄屋屋敷から戻ると村寄合に相談した。一同は、太郎左衛門の口上をもう少し具体的に書き、キリシタンの風習・行事についても付け加えることにした。そして、その日のうちに、長老格の太郎左衛門・用兵衛・伴蔵の三人と、十八人の頭立ちの者たちとが連名で次のような書付を作成し、長岡ら役人衆のもとに差し出している。多少長くなるが、現代文に直して示しておこう。

○天地のデイウス様を朝夕拝む時は、アンメンジンス　アンメンジンスと三度唱え、サントメ　サントメ、道のサントメ、不慮の煩い、頓死の咎、災難これ無きように、ひとえにお願い奉りますと拝みます。これを作り神とあがめます。

○十一月より正月まで毎月七日を祝日とし、この日は種まきをせず、金物を忌みます。朔日より七日までの異名は知りません。

○十一月の中日を祝日とし、四足二足を用います。その日から五十五日過ぎを入りと言い、また、それより四十九日目を上がりと言い、この間は四足二足を忌みます。もっとも、五十五日の間は四足二足を仏に供え、我々も食べます。しかし、用意できない時は魚類を用います。四十九日の間は精進しますが、決まりどおりいかず魚類を食べることもあります。仏には供えません。四十九日目の上がりには四足二足を供え、食べます。四足二足には主に牛肉・鶏肉を用います。仏像を持っている家では四足二足を供え、仏を持たない家ではこれを供えず、自分で食べます。

○祭りは仲間の順番でなく、仏像を持っている家に集まり、拝みます。米銭などを持ちより宴会をすることは近年止めています。

○墓に参る時は、手を組み、アンメンジンスと唱えます。

○死人がある時は、アンメンジンスと口には出さず、心中で唱えます。

○七月の盆・聖霊祭の時は魚類を供えません。

○神社に参詣する時はその神の名を唱えます。寺院に参る時は南無阿弥陀仏と唱えます。

このあとに、都合二十一人の名前が書かれ、それぞれの印判が捺されていた。書付には今富村の潜伏キリシタンの基本的な信仰内容が示されている。最後の条文をみると、信者たちも神社に参詣すれば神の名を唱え、寺に参れば南無阿弥陀仏と唱えると供述している。日常的にデウスに祈りをささげることと、神社仏閣に参れば自然にその作法に従うことが、さほど矛盾なく行われていた。

今富村では、先にみた組織の長老の太郎左衛門が出した信仰書付と、この組織の頭立ち者が連名・連印して出した信仰書付という二つの書付が差し出された。二つの書付は、役人たちとの関係で多少性格が異なる。実は、先の太郎左衛門の書付には付け紙が貼られている。「心得違いはいたしません」との付け紙である。太郎左衛門の同意のもとで役人側で貼られたものであるが、頭立ち者たちが連印した書付には付け紙がない。

つまり、太郎左衛門は、今富村の潜伏キリシタン組織の長老として、役人側の要求に応じ、ただ一人、今後、邪宗信仰の不心得はしない、不信仰に応じることで、他の者たちが不信仰を迫られたり、処罰を受けたりすることがないよう求めたものといえる。

長老としての踏ん張り——村と家族のために

今富村の潜伏キリシタン組織の長老である西川内の太郎左衛門は、三月二十三日に伝来の仏像を差し出し、四月一日には庄屋屋敷を訪れ、信者組織を代表して、自らの信仰について供述し、今後、邪宗信仰の不心得をしないことを誓った。そして太郎左衛門は、自らの信仰と心境について次のように供述している。

○デイウス様を日天と思い、毎朝、天を拝んでいます。
○氏神の拝殿に差し出した十の字の印のある仏像をデイウス様として尊崇しています。
○差し出した仏像は、先祖から持ち伝えてきたものです。
○父親の孫助が死んだ時、私は若年で、親から信仰を伝えられず、兄の伴助から伝えられました。
○これまでキリシタンの祭日には信者を集め、仏像を拝ませてきたことを申し訳なく思っています。
○自分一人ならば、どのような処罰も受けますが、村中の信者たちや、私の子供たちに対しては御慈悲を御願いします。

やはり、太郎左衛門の家筋は、代々仏像を受け継いだ、今富村の潜伏キリシタン組織の中心的な存在だった。仏像も「十の字の印のある仏像」であり、祝祭日には信者を集めて講会（ミサ）を主宰していた。驚いたのは、今富村のキリシタン探索で太郎左衛門・用兵衛とともに、仏像所持者とされ、大成和尚によって仏像を押収された伴助が、太郎左衛門の兄だったことである。太郎左衛門は、「父親の孫助が死んだ時、私は若年で、親から信仰を伝えられず、兄の伴助から伝えられました」と供述している。ところが、後日の供述によると、伴助は太郎左衛門の兄・庄次兵衛の婿養子であり、太郎左衛門と伴助は叔父と甥の関係にあった。太郎左衛門が本家筋を継ぎ、今富村の信者組織の長者的な存在であることからみて後日の供述の方が、つじつまが合う。供述というものは当てにならないものである。いずれにしても太郎左衛門と伴助は、代々伝えられてきた仏像を継承していた今富村の潜伏キリシタン組織の中心的人物である。用兵衛は太郎左衛門の父親から信仰と仏像が伝授されていた。

今富村の潜伏キリシタン組織において、西川内の太郎左衛門・用兵衛・伴助の三人が信仰活動の中心だった。わけても父親孫助の跡を受けた太郎左衛門は組織の中心であった。太郎左衛門は、事件を機に家督をせがれの孫市に譲っており、今富村の潜伏キリシタン組織の長老として、「心得違い」の責任を一身で引き受けようとしたものである。

「自分一人ならば、どのような処罰も受けますが、村中の信者たちや、私の子供たちに対しては御慈悲を御願いします」。太郎左衛門の偽らざる心境だったのであろう。

最後に、太郎左衛門が役人側とかわした問答を示しておこう。

（問）異法信仰は先祖より受け継いだのか。他方から伝授されたのか。

（答）先祖から受け継ぎ、これまで信心してきました。

（問）信心している仏の名は何と言うのか。

（答）天地のデイウス様、作り神様と申します。

（問）仏を拝む時は何と唱えるのか。

（答）アンメンジンス、アンメンジンスと二度唱え、道のサントメ、不慮の煩い、頓死の咎、悪事災難、これ無きようにと、ひとえに願います。

（問）信仰の者は誰でも右の唱えをするのか。

（答）仏像持ちのほかは分かりません。アンメンジンス、アンメンジンスだけは、だれでも唱えます。

（問）祭はどのようにするのか。

（答）月々、七日々々を祝日として、種まきには鉄物を忌みます。十一月の中日を祝日とし、四足二足を用います。その日より五十五日過ぎを入りと言い、それより四十九日を上がりと言います。この期間は四足二足を忌みます。五十五日の期間は四足二足を仏に供え、我らも食べます。手に入らない時は鰯で間に合わせます。四十九日の期間は精進ですが、そのとおりにならず、魚肉を食べることもあります。四十九日目の上がりから普段どおり魚肉を食べます。

（問）四足二足には何を用いるのか。

（答）牛肉を主に用います。用意できない時は魚肉を用います。

（問）祭日は仲間の順番で務めるのか。その際、米銭を持ち寄って饗応するのか。

（答）仲間の順番ではなく、仏像を持っている家に集まります。米銭を持ち寄ることはありません。

（問）仲間の人数を書いた書物はあるか。

（答）書付は持っておりません。

問答に新味はない。これまでの受け答えのくり返しである。役人側としては信仰に関して尋問内容を深めていこうとしたものであろうが、問答は深まりをみせていない。太郎左衛門も肝心な点では供述していないような印象を受ける。

さて、今富村は、村として組織として役人側の求めには全面的に応じる姿勢を示した。残るは崎津村と大江村である。

5　明るみに出た崎津村の信仰

むつかしい村

崎津村は、天草下島の南西部、大きく湾入した羊角湾の入り口近くの深い入江に位置している。羊角湾のなかの入江は天然の良港をなしている。崎津の集落は入江の奥、山々が迫った海岸線に伸びている。

崎津村の耕地は極端に狭い。村の石高はわずかに十七石余、耕地面積は二町一反余である。寛政元年（一七八九）の戸数が百三十七戸であるので、一戸当たりの耕地は一畝にも満たない。村は基本的に少数の頭百姓と多数の水呑（自身の耕地を持たない無高の小作人）の漁師で構成されていた。頭百姓が村の耕地の大部分を持ち、網船の船主として村の運営を主導していた。その意味では頭百姓と名子で構成されていた大江村の格差社会と似たような状態にあった。

こうした少数の頭百姓が牛耳る村運営に待ったをかけたのが、唐船（中国船）の長崎曳航賃金をめぐる騒動である。享和元年（一八〇一）十二月、崎津の漁民たちは二艘の唐船の長崎曳航に駆り出されるが、翌年の春、庄屋から渡された賃金が少なかった。

漁民たちが騒ぎ出した。かねがね庄屋から支払われる賃金の安さに不満をもっていた漁民たちは、支払の根拠となる村の会計帳簿の公開を求めた。漁民たちの多くが潜伏キリシタンだった。富岡役所は、早くから崎津村にキリシタン探索の隠密を入れ、唐船の曳航賃金をめぐる騒動の取り調べを糸口にキリシタン探索を進めようとしたが、なかなかうまくいかなかった。文化二年（一八〇五）の二月にはキリシタン探索にあたっていた唐通詞の奥田舛貞がゆくえをくらましている。

崎津村でも文化二年三月十一日から潜伏キリシタンの取り調べが開始されている。久玉組大庄屋の中原新吾と福連木村庄屋の尾上文平に崎津村庄屋の吉田宇治之助が加わって、村方での取り調べが始まるが、曳航賃金問題で騒ぐキリシタン漁民たちが、「庄屋がキリシタンを密告した」として、全く取り調べを受けつけなかった。「むつかしい村だ」というのが役人側の一致した見方だった。

フェリエ神父が見た崎津村

明治十五年（一八八二）ごろ、大江・崎津・今富の村々を見て廻った崎津教会のフェリエ神父は、当時の崎津村のキリシタンについて、次のように記録している。

崎津村　―　船津、下町（したまち）、中町、下町（しもまち）、中敷の筋、ならびに程谷の迫を合わせて家数六百ばかりなり。そのうちゼンチョー（異教徒）五十軒ばかりという。この村において水方あまた、幾人と知らず。水方サントあり。すなわち七組、下組、カコ（水主）、これなり。

フェリエ神父によると、明治十五年当時、崎津村は総戸数約六百戸のうち、キリシタン五百五十戸、異教徒（仏教信仰の者）が五十戸という構成になっていた。信者の割合は大江村と同じ、総戸数の約九十二％である。

驚異的な信者の割合である。崎津村の総戸数の増加ぶりも驚異的である。事件に近い寛政元年（一七八九）の戸数が百三十七戸であるので、明治十五年ごろの六百戸という数字は大変な増え方である。事件以後、幕末から明治初期にかけて崎津には世帯の流入がつづき、その世帯のほとんどがキリシタンだったということになる。言葉を変えれば、幕末維新期の崎津の港は潜伏キリシタンが流入する受け皿になっていたことになる。

したがって当時の崎津村の信仰組織はしっかりしていた。フェリエ神父によると、下組、水主（加古）組など七組に分かれ、洗礼を授ける水方は大勢いて、神父も「幾人と知らず」と書いている。

崎津の中心的な集落が中町である。中町の中央部に世襲庄屋の吉田家の屋敷がある。今の崎津教会が建っている場所である。中町から奥に向かって下タ町、船津と続き、中町の下側に下モ町が位置している。

文化元年二月、今富村庄屋の上田友三郎が富岡役所に出した中間報告書には、「かねて風聞よろしからざる者」として、船津の万吉・勘左衛門、下タ町の善吉、下モ町の周平の名があげられている。

追い詰められた崎津村

役人たちから「むつかしい村だ」と言われていた崎津村も、文化二年三月二十二日、大江村が役人側の説得に応じて村民集会を開き、仏像の差し出しに応じる動きをみせると、崎津村もこれに影響を受けている。

翌三月二十三日のことである。崎津村の潜伏キリシタン組織の頭立ちの者である周平・万吉以下の九人が、中原新吾ら同村担当の役人に一通の証文を出している。下モ町の周平は「邪頭」と噂された信仰組織の中心人物である。この人物が、ついに姿を現した。船津の万吉は、ほぼ一年前、文化元年二月二十日の日曜日（ドメウゴ）の夜、講会（ミサ）を開いているとの情報を受けて、今富村庄屋の上田友三郎や崎津村の隠密、小平又右衛門が探りをいれた人物である。

周平や万吉たちが差し出した証文は、「大江・今富両村の頭立ちの者たちが、信仰内容について申し出るようであれば、われわれも先祖より受け継いできた信仰についてあり体に申し上げ、以後はいかようにも心底を改めますので、それまでは取り調べを控えていただきたい」、という内容である。大江村と今富村が役人側に歩み寄ったことで、崎津村の組織は苦しい立場に置かれていた。

証文は、一見するところ、周平らが自主的に差し出したようにみえる。証文には周平以下、九人の爪印が押されている。九人の爪印を見ると、周平らのある種の覚悟をみてとれる。しかし、この証文は周平らが書いたものではない。中原新吾ら役人側が事前に作成していたものである。役人側が周平ら組織の幹部と接触し、大江村・今富村の状況を説明して崎津村も取り調べに応じた方がよいと諭した。そして周平らが、取り調べ役所となっていた崎津村庄屋の屋敷を訪れ、証文に書かれている趣旨のようなことを申し出たものである。

そこで役人側は、すでに証文を用意していたか、急遽証文を作成したか、ともかく証文を準備し、周平ら九人を役所に呼び、証文を読み聞かせ、名前の下に同意の爪印を捺させたものである。証文に爪印を捺しているのは、周平・万吉・善吉・清左衛門・初左衛門・清太郎・久平次・吉次郎・権兵衛の九人である。この九人は、役人側の探索リストで名指しされていた者たちである。

ところが、ハプニングが起きた。役人側が証文の名前の下に爪印を捺させようとすると、権兵衛・吉次郎の二人が、「牛皮の売買などしたことがないし、宗門心得違いの仲間でもないので、爪印など捺せない」と言い出したのである。役人側も困った。証文をよくみると、二人の爪印の下に付け札が貼られている。付け札には、「両人の名前を削除するとなると、証文を差し出させることが延引してしまうので、両人をなだめて爪印を捺させた」と書いてある。本当ならば、権兵衛と吉次郎をはずして、周平以下、七人の百姓が爪印を捺した証文でなければならなかった。

崎津村については、上田友三郎の中間報告書以後、村内の探索は進んでいなかった。役人側は、手持ちの探索リストをもとに、九人の頭立ちの者たちと接触し、説得に応じそうなので、急ぎ証文を作成し、呼出した九人の百姓に内容を説明し、同意の爪印を捺させようとしたところ、権兵衛と吉次郎からクレームがついた訳である。ともかく役人側としては、連中の気が変わらないうちに証文を手に入れたかった。無理を承知で権兵衛と吉次郎にも爪印を捺させた。

証文は杜撰なものだったが、崎津村の潜伏キリシタン組織の中心的な存在である下モ町の周平、船津の万吉、下タ町の善吉ら頭立ちの者たちが、証文に承認の爪印を捺したことは重要だった。

その日が来た

文化二年四月一日、今富村の潜伏キリシタン組織の中心的人物が、役人側にみずからの信仰内容をしるした書付を差し出し、ついで組織の幹部である頭立ちの者たちが、信仰内容をしゃべり始めたことの意味は大きかった。

このニュースはすぐに大江村・崎津村に伝えられた。とくに崎津村の潜伏キリシタン組織の受けた衝撃は大きかった。ここに至れば、観念せざるをえなかった。崎津村も軟化のきざしをみせていた。

ついに、その日が来た。翌日のことである。四月二日、周平ら七人の頭立ちの者たちが、信仰内容に関わる書付の差し出しに応じたのである。次のようなものである。

○天地にまします御主、デイウス様、アンメンリユスと朝夕唱え、拝みます。漁神と呼んでいます。

○月々、朔日より七日目、七日目を祝日とし、金物を忌みます。朔日をドミンゴ（日曜日）、二日をシリミ、三日をテリシア、四日をクハルタ、五日をキンタ、六日をセツタ、七日をサバタと言います。この七日目、七日目にサントメ、サントメ、道のサントメ、不慮の煩い、頓死の咎め、悪事災難なきように唱え、拝みます。八日目よりまた元のドミンゴに返ります。

○霜月（十一月）は暦の上の中日を祝日とし、魚肉・四足を使います。四足がない時は魚ばかりを使います。その翌春より五十五日過ぎて精進に入るので入りと申します。五十五日目の一日を精進し、翌日より四十九日目を上がりと言います。魚肉を用い祝います。祝日には握り飯、精進の時は豆腐を用います。

○墓を参る時は、手を組み、サントメ、サントメ、道のサントメ、アンメンリユスと唱えます。

○死人があり、参る時もアンメンリュスと唱えます。
○七月の盆・精進霊祭の時、魚肉を供えます。
○どこへ参詣に行こうとも、やはりアンメンリユスと唱えます。
この信仰書付に名を連ねているのは、周平・万吉・善吉・勘左衛門・清左衛門・清太郎・久平次の七人である。さすがに、先の証文作成でクレームをつけた権兵衛と吉次郎は入っていない。中原新吾ら役人のもとには、前日、今富村の頭立ちの者たちから聴取された信仰内容の書付が届けられており、中原らの尋問内容も増えている。周平・万吉らは、書付の最後に「役人が書面のほかに、唱えや行事など、よく知らないことも尋ねたので、以上のように申し上げた」と書いている。書付の文面は役人側が作成し、周平・万吉らは爪印を捺しただけだろう。

信仰内容の構成をみても、先にみた今富村の頭立ちの者たちの信仰書付とよく似ている。今富村の書付がすぐに大江村・崎津村に回され、ほぼそのままの尋問になっている。

むろん、多少の違いはある。「アンメンリユス」とは、「アーメン　イエズス」のことである。今富村・大江村が「アンメンジンス」と唱えていたのとは異なる。第一条の文句は基本的なオラショであるが、大江村・今富村では「作り神」としているところが「漁神」となっている。やはりオラショの冒頭で「サントメ」（聖トメ）と呼びかけている。「道のサントメ」という唱えは今富村と共通し、「水のサントメ」の大江村と異なる。曜日の順序は崎津村だけが正しい。

いずれにしても、なかなか富岡役所が介入できなかった崎津村の潜伏キリシタン組織が、取り調べに応じ、信仰内容が多少明るみに出たことになる。

6　軟化する大江村

崩れた大江村の恐怖

村方での取り調べが始まってほぼ半月、文化二年（一八〇五）三月下旬、大江村は恐怖に覆われていた。「しゃべったら殺す」。信仰内容を自供したら、大勢で押し寄せ、家族全員を殺す、という恐怖が村を覆っていた。

村は一時、年寄・頭百姓たちが役人側に歩み寄り、村民集会を開き、役人側に協力する姿勢をみせた。ところが、村民集会を主導した年寄・頭百姓たちは、やがて村内から激しい突き上げを受け、大江村は一気に強硬路線に転換した。そして「しゃべったら殺す」という制裁が主張され、村内を恐怖に陥れ、仏像の差し出し、信仰内容の自供をさせなかった。

こうした大江村も、四月一日に今富村が信仰内容の自供に応じ、翌日、崎津村もこれにつづくと、大江村の強硬路線も後退し、崎津村と同様に信仰内容の供述に応じている。堅い殻が崩れると、あとは早かった。

富岡役所は、大江村をかわきりに、五月一日から富岡役所での取り調べに移っており、現地での取り調べが一気に進んだことをうかがわせる。大江村の取り調べにおいて威力を発揮したのが、信者に別の信者の存在をしゃべらせる方式である。この村民による相互密告方式のことを、江間と平井は「友吟味」と呼んでいる。

江間新五右衛門と平井為五郎は、五月からの富岡役所における大江村の取り調べを終えると、六月一日からは新たに取り調べ対象に加わった高浜村に向かうが、高浜村で当初から用いるのが、大江村で効果をみた「友吟味」である。

あとで述べる高浜村の方式でみると、友吟味の出発点となったのは探索リストに挙げられた頭立ちの者である。頭立ちの者たちを庄屋屋敷に呼び、一人ずつ取り調べて、他に信者がいないか白状させる。要は強制された密告である。執拗に密告を促した。次は頭立ちの者たちに、彼らの供述から判明した新たな信者を加えて呼出す。このやり方をくり返すわけである。

大江村で友吟味が効力を発揮したのは、名子制度に集約される村内の身分格差・経済格差であった。大江村でも名子の自立は進んでいる。大江村の名子は自立して「小百姓」としての扱いを受けているが、名子主の頭百姓からは、いつまでも名子とみられていたところに根深い格差の問題があった。

大江村を見分した大矢野組大庄屋の吉田長平が、「四十九人の頭百姓以外は、全員が名子である」といわしめた村の現実があった。こうした大江村に友吟味が導入されたら、どうなるのか。名子たちのなかには、日ごろの身分的・経済的な格差への憤懣を友吟味にぶつけてきた者もいたはずである。

江間と平井は、高浜村に乗り込んで友吟味による取り調べを行うが、「大江村と同じように友吟味を行っているので、調べ落としはない」と、友吟味の効果に自信をみせている。大江村の複雑な村落構成のもとで、本当に「調べ落とし」はなかったのであろうか。

離縁された妻

崎津村が取り調べに応じる態度を示したことで、村方の取り調べは、一つの大きな山を越えた。今富・大江・崎津の三ヵ村において、ほぼ横並びの信仰書付が作成され、役所側が各村の頭立ちの者としてリストアップしていた信者組織の幹部たちが同意の爪印を捺した。

大江村は、一時役人側の誘いに乗ったことで内部から突き上げがあり、「しゃべったら殺す」という恐怖が村を蔽い、役人側の取り調べに身構える姿勢をとったが、それも長くはつづかなかった。役人側の取り調べは、次の段階に移った。

次は、村民の家族一人ひとりに立ち入った邪宗信仰の「心得違い」の者と、信仰とは無関係の者とに「取り分け」る取り調べである。総責任者の川鍋次郎左衛門は、四月四日、三ヵ村からの報告を得て、これから村民一人ひとりの取り分けに入ると江戸に報告している。

村方が取り調べに応じ、取り調べが家族一人ひとりに移ったたことで、信者の家族には混乱も生じている。その結果、大江村のある百姓は離婚している。その百姓には、妻と二人の子供がいた。百姓は、自分は邪宗信仰など関わりないと思っていたところ、妻が信仰を告白したのである。夫は怒った。この妻は、潜伏キリシタンの家から仏教信仰の普通の家に嫁ぎ、結婚後は信仰のことをずっと秘密にしていたのである。

今富・大江・崎津の潜伏キリシタン村落では、おおむね家族単位の信仰形態をとっているが、このようにキリシタンの家から仏教徒の家に嫁いだ女性、逆に仏教徒の家からキリシタンの家族に入った女性がいた。こうした家族では取り調べで悲劇も起きている。

夫は、「自分の家に不心得者がいるなど、家の恥じになる」と、妻に離縁を言い渡した。妻は困り果てた。「難渋の体にて」と川鍋次郎左衛門は江戸への報告に書いている。妻は離婚を受け入れた。そして役人側に願い出た。「夫と子供は信仰と関係ありません。私ひとりの心得違いです。夫と子供に寛大なご処置をお願いします」。

第八章　さらに出てきた潜伏キリシタンの村

文化二年（一八〇五）三月十一日から村方での取り調べが始まるまで、探索の対象となった村方は今富・大江・崎津の三ヵ村である。ところが三ヵ村の取り調べが開始される直前になって、新たな潜伏キリシタンの村が浮上している。

1　浮上した潜伏キリシタンの村

転びキリシタン村落の分布図

「邪宗信者がいる村は、他にないか」。キリシタン取り調べの最高責任者、島原藩勘定奉行の川鍋次郎左衛門は、そう念を押した。

文化二年三月上旬、天草下島における潜伏キリシタン村落の取り調べをひかえ、川鍋は、富岡役所に関係者を集め、取り調べのやり方について協議するなかで、地元の大庄屋・庄屋にそう念を押した。「今富・大江・崎津の三ヵ村に類するような村方は他にないのか。残しておいては公儀に申し訳が立たぬぞ。他にあれば申し出よ」。当然の念押しといえる。「他にある」との見通しのもとでの念押しともいえる。

当時の天草の島々のうち、大矢野島・上島については、潜伏キリシタンが存在する可能性は少なかった。両島は、百六十年ほど前の島原・天草一揆の主要地盤となり、一揆後、外部からの入植者も多かった。しかし、下島は違う。今富・大江・崎津の三ヵ村以外に潜伏キリシタンの村が存在している可能性は大いにあった。

思い起こしていただきたい。百六十年ほど前、天草領でのキリシタン一揆の蜂起直後、天草一揆の中心人物で、熊本藩領で捕縛された渡辺小左衛門は、当時の下島の転びキリシタンの分布について、次のように供述している。再度引用しておこう。

天草の島中に、男女二万五千の人数であると内々聞き及んでいます。この内、志岐・大江・高浜・崎津・河内浦、この五ヶ村に転びキリシタンが男女五六千いるとのことです。これらの者たちが、この度キリシタン一揆を起こしたのでしょうか。我らは、早くこの方へ参りましたので、全然存じません。

渡辺は、下島における転びキリシタンの在所として、「志岐・大江・高浜・崎津・河内浦」という村々をあげ、その人数は「五、六千」としている。富岡役所によるキリシタン探索・取り調べの対象となっている大江・崎津に高浜・河内浦を加えた村々は、戦国末・近世初頭のキリシタン領主天草氏の領域である。戦国末・近世初頭の天草氏の領域は、「領民の全てがキリシタン」という状況にあった。

天草氏の拠点が河内浦、のちの一町田村である。島原・天草一揆当時、河内浦と近郷の村々には根強いキリシタン組織があり、一時、「三百挺」の鉄砲を準備して河内浦郡代所を占拠し、天草の一揆勢に呼応する動きをみせた。河内浦・近郷の転びキリシタンの村々が、百六十年余を経てどうなっているのか。一町田村は疑われてしかるべき在所であった。

やはり出てきた

川鍋次郎左衛門が、潜伏キリシタンの在所は「他にないのか」と尋ねると、やはり出てきた。高浜村、早浦村、亀浦村、下田村（以上、現・天草市）といった村々があげられている。いずれも下島西海岸の村々、かつてのキリシタン領主天草氏の領域の村々である。

位置関係を説明しておくと、島原藩の天草統治の拠点である富岡の南方に高浜村、さらに大江村が位置している。大江村とその東隣りの崎津村は羊角湾につづく大きな湾入部に位置し、羊角湾の最奥部に一町田村が位置している。下田村は一町田村の隣り村であり、かつて河内浦と結ぶ天草氏の拠点であった。一町田村から海岸沿いに羊角湾を南下し、羊角湾の南岸、崎津村の対岸に早浦村・亀浦村が位置している。

この時点で下田村は対象にあがっているが、なぜか一町田村は問題になっていない。河内浦は富岡・本渡とならぶ下島統治にあたる郡代所の在所である。河内浦の郡代所は河内浦城の一角にあるかつての天草氏居館跡に置かれた。「まさか、郡代所の膝下にキリシタンはおるまい」との予断が働いていたのであろうか。

川鍋次郎左衛門は、今富・大江・崎津の三ヵ村の取り調べに入る前日、三月十日に「高浜村にも、早浦村・亀浦村にも疑わしい者たちが大勢いる」と島原に報告している。やはり川鍋にも河内浦（一町田村）の意識はない。

川鍋は、高浜村について、これまで庄屋の上田源作によって観音信仰による教化策がなされていると聞いていたが、「そのままになっており、今のままではすまされない」と、高浜村を取り調べの対象に加える必要性を指摘している。

くすぶっていた高浜村への疑惑

高浜村に潜伏キリシタンが存在することは、当初から知られていた。何よりも庄屋の上田源作自身がよく知っていた。知っていたからこそ、数年前から熱心に観音信仰による教化策に取り組んでいた。こうした経緯を富岡役所もよく知っていたし、取り組みを評価していた。評価していたから、隣りの今富村のキリシタン取り締まりのために、庄屋として源作の弟、上田友三郎を送り込んでいた。

こうしたカラクリにいち早く疑惑の目を向けていたのが、江月院の大成和尚である。和尚は、今富・大江・崎津三ヵ村のキリシタン探索のために、檀那寺である大江村の江月院の鑑司に迎えられ、キリシタン探索の決め手となる異仏の摘発・鑑定にあたっていた。

大成和尚は、僧侶として学識もあったが、やり手でもあった。和尚のキリシタン探索の姿勢は厳しく、穏便な収拾を目論んでいた上田源作・友三郎の兄弟と対立し、江月院でも孤立していった。そして、上田友三郎が富岡役所にキリシタン探索の中間報告書を出す文化元年二月には、大成和尚はキリシタン探索の鑑司を解任され、やがて自ら天草を去っている。

それから半年後、大成和尚の存在は長崎で確認されている。和尚は、天草でのキリシタン探索の内幕を自慢げに周囲にぶちまけていた。島原藩家老の羽太十郎左衛門は、長崎聞継の松本九郎右衛門を和尚と会わせ、黙らせようとした。

大成和尚の話しは、富岡役所から聞いていたことと大きな違いはなかった。ところが、和尚は思わぬことを語り始めた。高浜村にも邪宗信者が存在し、庄屋の上田源作がひた隠しにしている、というのである。富岡役所からの報告にはなかったことである。松本は、これは大事な問題だと思い、高浜村について和尚に尋ねた。

「高浜村の邪宗関係は、庄屋の上田源作が取り計らっている。源作は、今富・大江・崎津の三ヵ村には厳しいが、自分の村のことは、ひた隠しにしている。確かな証拠はないが、高浜村には仏教不信心の者や牛殺しの者がいる。私が村内に置いていた隠し目付も証言しているので間違いない。源作は役所に受けのいい男であり、高浜村については、富岡役所の大竹仁左衛門も通りいっぺんの報告で済ましている」と大成和尚は語った。

2　抹消された潜伏キリシタンの村

高浜村を外したのは誰か

高浜村を取り調べの対象から外したのは、誰か。富岡役所で宗門行政を指揮していた大竹仁左衛門である。大竹は、もともと、下島西海岸の村々で潜伏キリシタンの存在が明るみに出ると、村方や信者たちを直接に取り調べるような強硬手段をとらず、その不心得を諭して邪宗信仰を止めさせ、仏教に改心させる教化策を重視していた。

大竹が着目したのが、高浜村庄屋の上田源作が村内で進めていた教化策である。白木河内を中心に潜伏キリシタンの存在が表立ってきていることを憂慮した源作は、観音信仰の御札を印刷し、これを村内に配り、また村民を東向寺の血脈（仏の弟子）にすることで、村内の潜伏キリシタンたちに仏教改心の形をつけようとしていた。

上田源作は、今富・大江・崎津の三ヵ村に比べて、邪宗信者の人数が少ないこともあり、自村の教化策に相応の手ごたえも感じていた。大竹仁左衛門と上田源作は個人的にも馬が合い、信頼関係も深い。大竹も、高浜村については源作の教化策が功を奏しつつあるとみて、隣村の今富村の実状を重視した。今富村は、村の全域にキリシタンが存在する潜伏キリシタン村落であり、高浜村とは信者の人数も違っていた。

大竹仁左衛門は実力者だった。島原藩が幕府に伺い書を出す際、大竹が主導して原案を作成している。大竹は、幕府への伺い書において高浜村を外し、潜伏キリシタンの在所を今富・大江・崎津の三ヵ村とし、幕府に届け出た。

しかし、文化二年二月、富岡に渡った勘定奉行の川鍋次郎左衛門のもとで潜伏キリシタンの取り調べの体制が組織された。村方の取り調べには消極的だった大竹仁左衛門は外れ、大竹と上田源作の関係も疎遠になっている。

川鍋次郎左衛門は、並々ならぬ決意で富岡に陣取った。「今回の取り調べは厳密にやる。少しでも疑いがあるものは、とくと糺し、不心得者の根を掘り、葉を枯らすほどに徹底する」。こうした川鍋の方針のもとで、高浜村の扱いをめぐる大竹仁左衛門と庄屋の上田源作との結びつきも問題視された。川鍋は、五月四日から同十八日にかけて、家老の羽太十郎左衛門のもとに現状を報告しているが、五月四日の報告で高浜村の取り調べ予定についてふれ、五月十八日の報告では大竹仁左衛門と上田源作の結びつきについて詳細な報告をしている。

高浜村の取り調べが開始されるのは、文化二年六月一日である。

消された一町田村

前に述べたように、文化二年三月上旬、今富・大江・崎津の三ヵ村への取り調べが開始される直前の時期に、三ヵ村以外に潜伏キリシタンの村が存在することが明らかになっている。高浜・早浦・亀浦・下田の四ヵ村である。

そして富岡役所では、もう一ヵ所、取り調べの対象が浮上している。一町田村である。富岡役所では一町田村を取り調べの対象に加えることを計画していた。

文化二年五月三日、島原藩は、幕府の勘定奉行に村方の取り調べについての現状報告書を送っている。三ヵ村の取り調べを開始してから一ヵ月半ほど経過した時点での報告である。島原藩の重臣・佐久間六郎兵衛がまとめた天草一件の記録である『天草吟味方扣』には、幕府への現状報告書の下書きとなった富岡役所からの報告書が書き留められている。三ヵ村に高浜村を加えた以外にも、潜伏キリシタンの村が存在するという文面であるが、そこには一町田村とその近郷の村々が取り調べの対象として加えられている。富岡役所からの報告は、次のような文面である。

三ヶ村（大江・今富・崎津の三ヵ村）の外、高浜村ならびに一町田村のうち、白木河内村・中村・下田村・津留村・久留村・市瀬村、早浦村、亀浦村、以上の村々は、三ヶ村の縁続きなので、心得違いの者が相当にいる様子だと聞いている。出先の役人から今後追々取り調べるつもりだと報告してきている。

富岡役所は、取り調べの対象として、高浜村・早浦村・亀浦村のほかに、一町田村とその近郷の村々を明記している。一町田村の近郷の村々とは、「中村・下田村・津留村・久留村・市瀬村」である。富岡役所が一町田村とその周辺に役人を派遣して村方を探り、取り調べの対象に加えるように島原に進言したものである。しかし、富岡役所からの進言は、なぜか島原で握りつぶされている。

島原藩は、下書きの文面をもとに幕府に対する正式の報告書を作成しているが、この富岡役所からの文面を削除している。削除したのは、家老の羽太十郎左衛門や勘定奉行の佐久間六郎兵衛ら藩政執行部である。佐久間は、自身でまとめている『天草吟味方扣』に、「富岡から報告書を送って来たが、執行部の判断で削除した」と書いている。結局、高浜村、一町田村とその近郷の村々、これに早浦村・亀浦村を加えた潜伏キリシタン村落の存在は、幕府に届けられることはなかった。しかし、高浜村と一町田村とでは扱いは異なった。

一町田村とその近郷の村々は、かつて島原・天草一揆に際して、天草の一揆勢が加勢の島原勢と合流して富岡城を攻略した際、地域的にキリシタンに立ち帰り、三百挺の鉄砲を用意して河内浦郡代所を一時占拠する動きをみせた。しかし、一揆勢が敗退すると、河内浦の一揆は郡代側に帰順し、事態は鎮静化している。

一町田村（河内浦）に転びキリシタンが集中していたことは、先の渡辺小左衛門の証言にも示されているし、寛延三年（一七四六）の村明細帳を見ても、一町田村の転びキリシタンの類族（親族）は六十七人と群を抜いて多い。同時期の崎津村の類族がわずかに四人、今富村も四人である。

崎津村・今富村の類族は極端に少ない。このことは、江戸時代の禁教政策の形式的な側面を示しているが、こうした点を考慮すると、一町田村の類族の多さは際立っている。しかしながら、島原藩の執行部は、なぜか一町田村と近郷の村々を潜伏キリシタンの取り調べ対象から外している。

川鍋次郎左衛門が指揮し、「少しでも疑いがあるものは、とくと糺し、不心得者の根を掘り、葉を枯らすほどに徹底する」とする富岡役所側と、何らかの政治判断をした島原藩側との間には、潜伏キリシタンの現状認識にズレがあったことは確かである。最終的には執行部の政治判断が優先された。家老らが、五千人余というキリシタンを出し、その上に幕府に新たな潜伏キリシタン村落の発覚を通報することに躊躇したことは確かであろう。佐久間六郎兵衛は、一町田村とその近隣の村々を取り調べ対象から外した「執行部の判断」について、何も言及していない。

一町田村。かつての河内浦という、キリシタン領主天草氏の本拠は、島原藩の取り調べの対象から完全に抹消された。一町田村が、潜伏キリシタン村落として浮上することは、二度となかった。一方、高浜村の扱いは違っていた。庄屋の上田源作のもとで隠蔽され、檀那寺の江月院の鑑司であった大成和尚が長崎で内幕をバラした経緯もあり、急遽、取り調べの対象となった。

3　高浜村の取り調べ

意表をついた落とし方

高浜村の取り調べは、文化二年（一八〇五）六月一日から開始されている。今富・大江・崎津の三ヵ村の村方での取り調べは、ほぼ四月中には終わり、富岡役所は、最も早く進んだ大江村から富岡役所での取り調べに移り、大江村については五月いっぱいでメドをつけている。

そこで富岡役所は、大江村担当の役人である江間新五右衛門と平井為五郎を高浜村に向かわせ、高浜村庄屋の上田源作にも協力を命じた。

高浜村の取り調べは、今富・大江・崎津とは全く事情を異にしている。高浜村は、庄屋の上田源作による教化策のもとで、「高浜村には邪宗信仰の不心得者などいない」との立場をとり、取り調べを免れていた。ところが急転直下、取り調べが決まり、江間以下の役人が乗り込んできたのである。今は改心して、「高浜村には邪宗信仰の不心得者などいない」のであれば、過去の信仰の取り調べには正直に応じよ、というのが江間ら役人側の方針であった。

六月一日、江間と平井は高浜村に着くと、庄屋の上田源作から信者組織の頭立ちの者をリストアップした探索リストを渡された。頭立ちの者は、白木河内の兵右衛門以下、都合二十人である。内訳は白木河内十七人、西平一人、松下二人となっている。白木河内は潜伏キリシタンの集落だった。

六月二日、江間と平井は、上田がリストアップしていた二十人に一人を加えた頭立ちの者を村会所に呼んだ。頭立ちの者たちは、案の定、「我らは、今は邪宗信仰の心得違いの者ではない」と申し立てた。「我らは、庄屋の取り組みをみて、村方の心得違いの存在が気づかれ、万一、露見したら大事になると皆で申し合わせ、その後は心得違いを止めることにしました。現在では村に邪宗信仰の心得違いのものはいません。今回、このような取り調べを受けるなど考えもしませんでした」と主張した。邪宗信仰の者などいなくなった高浜村への取り調べの不当さを申し立てたものといえる。

「ならば」、と江間が応じた。「お前たちが、現在はすっかり心底を改めたというのであれば、以前のことはあり体に申し上げ、懺悔せよ」と江間新五右衛門は言い放った。二十一人は江間から完全に一本取られた。

二十一人の頭立ちの者たちは、「そういうことでしたら、この場は引き取り、皆で話し合って、お請けしたいと思います」と言って、すごすごと在所に戻っていった。二十一人は白木河内に集まり、善後策を話し合った。

友吟味――芋づる式の呼び出し

頭立ちの者たちが白木河内に引き上げると、取り調べの世話方を命じられていた村役人の善蔵と伝次兵衛は、高浜と白木河内を往復した。夜中まで何度も往復し、説得をくり返している。

翌六月三日、庄屋の上田源作は、村会所に頭立ちの者二十一人を集め、あり体に申し出るように説得した。実は、この説得が重要な意味をもった。高浜村の取り調べの方向性を決めたといえる。源作が、一人ひとりを呼び出して、新たな信者の名前を白状するように迫ったからである。彼らは、八人の信者の名前を口にした。仲間が別の仲間の存在を白状する。こうした芋づる式の信者摘発を「友吟味」と呼んだ。大江村で成果をあげたやり方である。源作は、江間と平井から友吟味の実施を指示されていた。

六月四日が取り調べの実質的な一日目となるが、早くも取り調べの節目を迎えている。この日、村会所に呼び出されたのは二十一人の頭立ちの者と、二十一人が新たな信者として白状した八人である。仲間の存在を白状した者たちと、友吟味によって新たに摘発された者たちが村会所で顔を会わせた。むごい場面である。友吟味で呼び出された八人は今後、心得違いをしないとの誓約をさせられている。

二十一人の頭立ちの者は、誰から信仰を伝えられたのか、信仰の授受関係と唱えの文句について供述している。白木河内の中心的な存在とみられる庄作・重左衛門・重助・折平からは異仏も出されている。

庄作らは、庄屋の源作からも、村役人の善蔵・伝次平からも「仏像を出すように」にせかされ、しかたなく差し出しに応じたものである。相談したのであろう。いずれも銭である。たとえば、潜伏組織の中心人物である庄作は「銭一文」を出している。一枚の銭である。この銭に「キンクルギ様」という名をつけていた。銭仏といわれるものである。銭が銭仏として加工され、名前をつけて崇拝されていた。

彼らは、もはや潜伏キリシタンであることを隠してはいない。この日、信仰の授受関係について供述し、仏名をつけた銭仏も出している。もっとも、彼らは、肝心なものは出していなかった。抵抗の始まりともいえる。

とどめの友吟味

仲間が口を割って、新たな信者の存在が発覚する。高浜村の友吟味はつづいた。まず、六月四日、二十一人の頭立ちの者と、二十一人が白状した八人が村会所に呼ばれ、翌六月五日には、八人と新たに白状された十八人が呼ばれ、以下、六月六日には七人、同七日には八人が呼ばれた。

こうして六月七日まで、芋づる式に六十人の潜伏キリシタンが村会所に呼ばれ、邪宗信仰の心得違いの者として確定された。そして六月十一には、役人側は、邪宗信仰に関わりないとみていた二十七人を呼び出している。仏教信仰の正路の者たちである。

高浜村の『吟味日記』では、二十七人の者たちが自発的に心得違いの者の友吟味を申し出たことになっているが、取り調べの世話役となっている村役人による根回しがあったとみてよい。庄屋の源作らが、「一人の調べ落としもないようにする」との役人側の意気込みに応えたものといえる。仏教信仰の正路の者たちも、集落のキリシタンのことをある度知っていた。

これが、友吟味のとどめとなった。仏教徒の二十七人は、翌日にかけて「昼夜出精」したというから、夜どおし密告のさそいを受けていたことになる。役人側に迎合した者もいたとみてよい。この結果、六月十三日から三日間で十一人の邪宗信者が呼び出され、今後心得違いをしないことを誓わせられた。

そして六月十四日、江間新五右衛門と平井為五郎は、これまでに判明した心得違いの者全員を会所に呼び、仏像の差し出しを命じた。翌六月十五日には都合十七人から、十六日には七人から仏像が差し出されている。銭や在来の仏像が多い。

こうして六月十五日、江間と平井は、早くも高浜村の邪宗信者について集約している。邪宗信仰の心得違いの者は八十八戸、二百七十四人となった。七十八人の幼年の者は、「心得違いの十文字判を当てていない」、つまり洗礼を受けていないとして「白札」とされ、除かれている。白札の反対は「黒札」である。八十八戸、二百七十四人は、取り調べの結果、「黒」と認定されたのである。

翌日、江間と平井は、富岡役所に報告するなかで、高浜村からの撤収について打診しており、集約結果については自信をもっていた。裏づけも図られた。大江村百姓による友吟味である。

大江村百姓による友吟味

江間新五右衛門と平井為五郎が、高浜村の取り調べで重視していたのは、調べ落としがないこと、邪宗信者を黒と認定するための裏づけの強化であった。重視されたのが隣り村の大江村側の証言である。

高浜村の信仰状態を取り調べてみると、隣り村の大江村の影響が大きかった。キリシタン暦の日繰りについては、最近まで大江村の指示で動いていた。六月十七日、江間新五右衛門は船で大江村に渡ると、信者組織の中心的存在とみられる頭百姓の恒兵衛・吉郎右衛門・太吉・嘉助を呼び出し、高浜村の邪宗信者のリストをみせ、落ちている名前はないか点検させた。呼び出された頭百姓たちも一時の抵抗姿勢は消え、表面的にはすっかり協力的な態度をみせている。

江間と平井は、頭百姓だけの証言では不十分だとして、小百姓も呼んでいる。小百姓とは村民の過半を占める名子のことである。大江村側から真偽おりまぜた情報が出された。友吟味の怖さである。頭百姓たちはその後、高浜村の友助・佐兵衛・嘉八・珍作・作蔵の五人が邪宗信者だと申し出た。友助は「大江村西の喜作と少々縁続きのようだ」。喜作は邪宗信者だった。佐兵衛は「親の作左衛門は不心得者ではないが、母親と兄弟は心得違いの者だ」。嘉八は「親の代より心得違いの者だと聞いている」。こういった密告である。

六月十八日、友助・佐兵衛・嘉八の三人が呼び出され、取り調べを受けた。三人は頑強に否定した。「我々の名前が出るということは、誰か密告した者がいる。その者と対決させていただきたい」と主張している。ガセ情報だった。

出てきた蛮国仏

友吟味の怖さである。同時に、密告から出たちょっとした噂が、本命の異仏の摘発につながることもある。六月十八日、折平・和四郎・助蔵の三人が、異仏を持っているとの疑いで呼び出された。助蔵は、崎津村の出身で、崎津村に戸籍があることからマークされ、今回、邪宗関係の「丸鏡」を持っていると噂された。また、和四郎は、十数年前まで高浜村の潜伏キリシタン組織の中心的存在であった甚左衛門から預けられた「十文字の品」を持っていると噂され、折平は「異仏の掛物の画」を持っていると噂された。

折平は噂どおり持っていた。和四郎と助蔵は噂とは違っていた。ところが、和四郎と助蔵が会所に呼び立てられたのを見て、異仏の本当の所持者が名乗り出た。庄作と重左衛門である。折平・庄作・重左衛門の三人は、高浜村の潜伏キリシタン組織の中心的存在だった。

この三人は、六月四日、揃って銭（銭仏）を差し出し、信仰の授受関係、唱えについて供述している。恐らく三人は庄屋の教化策に従って現在は心得違いではないと申し立てていたとみてよい。もっとも、三人は肝心な仏像は出していなかった。

折平の画像は、百三文字の寿の文字が五色で書かれ、真ん中に「寿老人が鹿子鶴といつくしんでいる図」だった。折平は画像につけた仏名を「サンタマリア様」と供述している。庄作の十文字は、「数珠の玉が八ツ添えられた」ロザリオであり、一見して役人側をして「これは蛮国物と見える」と言わしめたものだった。

庄作は、十数年前まで高浜村のキリシタン暦を管理する帳方的な存在であった甚左衛門の後継とみられる人物である。甚左衛門は、大江村越崎の三右衛門から祝祭日など日繰りの知らせを受け、高浜村のキリシタン暦を定めていた。甚左衛門が死ぬと高浜村の日繰りはなくなり、村では十一月十五日と二月十五日を一年間の節目の祝祭日（降誕祭・復活祭）と定めている。

甚左衛門の姉が庄作の母親であり、ロザリオは甚左衛門から庄作の母親、ついで庄作へと引き継がれたものだった。前日、和四郎が所持を疑われて取り調べを受けたことから、庄作が名乗り出て、差し出したものである。

実は、庄作が隠し持っていた異仏は他にあった。庄作が、本命の蛮国物の仏像の差し出しに応じるのは、高浜村の者たちが富岡役所に呼び出され始めた七月十九日のことである。庄作たちが第一陣だった。観念したうえでの差し出しだったといえる。

4　庄屋にかけられたキリシタンの嫌疑

庄屋屋敷の焼け跡から見つかった蛮国仏

文化二年（一八〇五）六月十五日、崎津村に戸籍のある銀右衛門・万吉・助蔵の三人が高浜村の会所に呼び出された。取り調べに対して銀右衛門は邪宗信者だと申し出た。万吉・助蔵は信者ではないと申し立てている。ところが助蔵については、家族が邪宗信者だったことが判明したこともあって、この時期くり返された友吟味によって、様々な情報が役人の江間新五右衛門と平井為五郎のもとに寄せられた。

まず、六月十八日には、「助蔵が丸鏡を持っている」との情報が寄せられた。翌日、和四郎が名乗り出たことで疑いは晴れるが、今度は「助蔵は、もともと崎津村で邪宗信者だった者であり、二十年以上前に高浜村に引っ越してきて、高浜村の火事の際、庄屋屋敷の焼け跡で蛮国仏を拾った」との風聞が流れた。

とんでもない話しである。高浜村庄屋上田源作の家系がキリシタンと関わりがある、というのである。「それで源作は、自分の村に邪宗信者がいることを隠していたのか」、という話しになりかねない。助蔵は、「庄屋屋敷が火事になった三十六年前のことです。当時、私は十五歳であり、高浜村に来ているわけがありません」と関わりを否定した。

やがて風聞の主が分かった。高浜村の宇平次が大江村でしゃべっていたのである。江間と平井はすぐに大江村側に問い合わせた。話しは本当だった。早速、江間と平井は、宇平次を取り調べ、また、邪宗信者の幹部に助蔵を調べさせている。これも一種の友吟味といってよい。一方、宇平次を取り調べてみると、これがいい加減な話しだった。

新たな嫌疑

高浜村庄屋上田源作の家筋とキリシタンに関して新たな噂が立った。噂の出どころは、またしても大江村だった。しかも、助蔵がらみの噂である。次のような話しである。

高浜村白木河内の助蔵の女房きちが、五、六年前、高浜村庄屋の所有する小作地の麦畑で仏像のような物を拾って崎津村の吉次郎の母に渡した。その仏像が異仏だと噂された。そこで助蔵の女房きちが取り調べを受けた。きちは答えた。拾った仏像を崎津村の友作という者の母親にみせたら、友作の母親が、「これは異仏だ。自分の兄の先祖は高浜村庄屋上田家の末家であり、邪宗を信仰していたが、先年宗旨を改め、異仏を麦畑に捨てた。これがその異仏だ」と教えてくれたと申し立てた。

問題の麦畑は高浜村の浜田にあった。上田家は陶磁器の製造を柱に分限者となり、手広く田畑を集積していた。麦畑も小作地の一つであった。この話しが本当だとすれば、庄屋の上田家のある末家は先年までキリシタンだったことになる。

上田源作にとっても心中穏やかではなかった。源作は富岡役所で総指揮をとる川鍋九郎右衛門に相談した。川鍋も噂を耳にしていた。実は、川鍋のもとには今回の取り調べで差し出されていた仏像が集められていた。そのなかに崎津村の吉次郎から差し出されていた仏像があった。助蔵の女房、きちが庄屋の麦畑で拾ったという仏像である。

早速、川鍋は、きちを富岡役所に呼び出した。きちは、吉次郎の仏像を見て、「この仏像ではありません」と答えた。川鍋は、大江村庄屋の松浦四郎八に、崎津村の吉次郎の母親の取り調べを命じた。松浦は助蔵を伴って崎津村に向かっている。助蔵と吉次郎の母親はきびしい取り調べを受けた。上田源作の嫌疑は、全くの濡れ衣だった。

八月二十二日、崎津から戻った助蔵が答えた。「重ねがさね、申し訳ありません。しかし、私が邪宗信者であったことは間違いありません」。ついで憔悴した助蔵の女房のきちが答えた。「この間、申し出ました仏像は金で飾られた煙草入れのことです。仏像ではありません。また崎津村の友作の母親から聞いたこともありません。友作の母親は煙草入れを拾った前年に死んでいます。何事もお聞き捨て下さい。どうかご容赦ください」。

助蔵は、年寄の伝次平を通じて釈明した。「女房は当春、せがれが亡くなり、愁嘆のあまり、錯乱状態になりました。いつも不吉なことばかり口走っておりますが、今日はやや気分が静まっているようなので、先ほどのようなことを申し上げたようです。どうか、くれぐれもご容赦ください」。助蔵の女房きちは、せがれを亡くし、精神的に病んでいたようである。

ともかく高浜村庄屋上田源作の嫌疑は晴れた。しかし、源作の怒りはおさまらなかった。何んで執拗に自分の家筋に嫌疑がかかるのか。困ったのは高浜村の者たちである。翌日、白木河内の五人の百姓が源作のもとを訪れた。庄作・政助・折平・和四郎・義蔵の五人である。五人は、村の年寄・頭百姓三十三人が連印した詫び証文を源作に差し出した。五人は、源作の勘気をなだめるために村寄合を持ち、源作に対する詫び証文をとりまとめたものである。これでも源作の怒りはおさまらなかった。困った一同は、高浜村の檀那寺の海運和尚に頼みこんだ。和尚は、上田家が代々仏教信仰に篤いことを書き述べた証文を書き、源作に渡している。「これで村の者たちを許してやれ」という一札だった。源作もほこを納めざるをえなかった。

5　富岡役所への呼び出し

総責任者直々の尋問

大江・今富・崎津三ヵ村の村方における取り調べは、文化二年（一八〇五）三月十一日に始まり、同年四月いっぱいで終わると、五月一日から大江村を皮切りに、ほぼ三ヵ月に及ぶ富岡役所での吟味が始まっている。

富岡役所での取り調べは、富岡城の吟味場で行われた。お白洲といってよい。島原藩の重臣、勘定奉行の川鍋次郎左衛門が最高責任者として指揮し、改め役の西田市右衛門と代官の原龍左衛門・成田弥源太が取り調べにあたり、村方での取り調べにあたった山方役の江間新五右衛門も加わった。

最初に呼び出しを受けたのは、大江村の頭百姓の恒兵衛と嘉助である。恒兵衛が病気であり、嘉助と太吉の呼び出しとなった。呼び出しを受けた百姓たちは、飯炊きをともなって、前日から富岡に泊まりこみ、翌日、吟味場に出頭した。五月一日に嘉助と太吉、翌二日には、嘉助と太吉に太郎左衛門を加えて吟味が行われた。

吟味では、まず江間新五右衛門が、口書（調書）にもとづいて村方での取り調べ内容を確認し、ついで役人側が尋問した。尋問の内容は決まっている。尋問は、順に仏像の名、出生時の名指し（洗礼名）、組合の面々、死去した際の髪立て、死去した際の墓所への魚肉の供え、などである。いずれも確認的な尋問である。太郎左衛門は、大江村の組々について、「上下二組」に分かれていると述べている。

五月三日、嘉助・太吉・太郎左衛門に加えて、吉郎右衛門・伊八・伊三右衛門・平左衛門・勇吉の五人が呼び出された。八人のうち嘉助・太吉・太郎左衛門・吉郎右衛門の四人が上組、伊八・伊三右衛門・平左衛門・勇吉の四人が下組とみられる。この八人が両組を代表する頭立ちの者たちである。下組の伊八が、今日、大江の「隠れ部屋」で知られる家の当時の家頭（戸主）である。

結局、初日に呼び出された嘉助と太吉は都合三日間、取り調べを受けたことになる。富岡役所における取り調べの内容は、大江村の『吟味日記』に記録されている。呼び出されたのは大江村の信者組織の頭立ちの者たちであるが、尋問事項もパターン化されており、彼らの返答も内容的に新味はない。吟味に立ち合った総責任者の川鍋次郎右衛門も、期待はずれで、少しガッカリしたようである。「彼らが信仰の詳しいところを知っているようにはみえない」と感想をもらしている。

期待はずれの尋問

呼び出しを受けた頭立ちの百姓のなかで、病気で不参の恒兵衛と吉郎右衛門が中心的な存在だった。彼らは、一面、役所側に協力的である。高浜村での取り調べに際しては、彼らは、わざわざ江間と平井の陣中見舞いに訪れているくらいである。しかし、頭立ちの百姓たちを富岡役所に呼んでも、これといった潜伏キリシタンの確証は出ていない。

総責任者の川鍋次郎左衛門は、これまで大江村で村民相互の友吟味をやっても、めぼしい仏像や書き物が出てこないので、彼らが隠しているのか、実際、たいしたものは持っていないのか、判断しかねていた。同時に川鍋は、これまでに呼出した者のなかにキリシタンの教義や儀式に通じている者がいそうにないことも感じていた。そこで川鍋は、最もキリスト教信仰に通じていそうな吉郎右衛門に尋問した。川鍋と吉郎右衛門の問答とは、次のようなものである。

（問）大江村から鏡や銭のほかに、土人形や鮑貝など不審なものが出されているが、どのような意味があるのか。

（答）本尊デウスの神通が乗り移ったものと伝えられており、銭や鮑貝のようなものでも仏の形をしたものが付いていれば、尊崇しています。

（問）宗門に入ると、ジュアン（寿庵）やマリヤ（丸屋）などと名づけているが、頭立ちの者たちにつけてもらっているのか。また、名づけた書付は残っていないのか。

（答）書付のようなものは残っていません。また、頭立ちの百姓に頼むことはありません。

（問）出生の時は、水につけた十文字の紙を赤子の額に当てるとのことは先に聞いたが、死去のときはどうするのか。

（問）本来のやり方は総髪が基本です。女性は生存中の髪形にし、手拭に十文字を書いて頭にのせ、ずだ袋を外すことになっています。最近は寺の見届け方がきびしく、そういうことはできないので、剃髪させていますが、襟のところを剃り残し、衣類に隠し、後で髪を結ってやっている者もいます。

尋問内容は基本的なものである。仏像に関係した銭や鮑貝については、「何でこんな物を」という川鍋自身の疑問を質したものといえる。川鍋次郎左衛門には邪宗信仰の信者というと、ひそかに思い描くものがあったと思える。もう少し深淵な、秘密のベールに包まれた信仰世界を想像していた。ところが、尋問してみると、返答が平凡なのである。大江村の信仰組織の中心的な存在でもこの程度である。

実際、吉郎右衛門でもこの程度なのか、信仰の深い内容は隠しているのか。川鍋は判断しかねていた。

経消しのオラショ

そして川鍋次郎左衛門は、吉郎右衛門に経消しの唱えについて聞いている。

（問）葬式の時、坊主の経文を消す方法はどうなっているのか。

（答）仏事のあと、「アメマルヤ。ベンノフ。トウマン。デイコフ。エレント。ツウヤア。エレムリ。エレムリ。エレスベ。レンツウ。ヘリツウ。ベンツウ。ツウエノ。ジンゾウ。サンタマルヤ。ヤマテル。ヤマテル。ウラベス。ノフベス。トリエノ。ノミキリ。エンキリ。ヲヤマノ。ツエンツツ。エンメンジンス」と唱え、消し去ることにしています。

経消しとは、葬式の際、寺の坊主のお経を消し去るための唱えである。経消しのやり方は、吉郎右衛門の返答ように、法要のあとで経消しを行う場合と、法要の最中に隣りの部屋で行う場合があった。坊主が帰ったあと、塩で清めることもあった。唱えには、「主の祈り」（主祷文）と「アベ・マリヤ」（天使祝詞）の二つがある。吉郎右衛門の唱えは後者の系統である。

それにしても、なんとも訳の分からない唱えである。呪文に近い。本人もどこまで意味が分かっているのか。書き留める役人も、何度か聞き直したものと思える。

役人側で書き留められていることもあって、吉郎右衛門の唱えは変形も甚だしい。吉郎右衛門と呼び出しが重なった浜の忠右衛門の経消しの唱えは、次のようなものである。

あべまるや。がらさア。べんのふ。とをミんていこう、ゑれんた。ゑれんた。ゑんつア。べんつう。つうゑん。じんづう。さんたアまるやア。まアてる。のふベフ。のふべニ。とうゑの。のみきり。ゑんつう。おやまのつう。あんめんじんす。

同じ経消しの唱えとは思えないような違いを感じる。忠右衛門と二日後に供述している平左衛門の唱えもかなり違う。やはり、吉郎右衛門が供述しているように、経消しの唱えとは親からの口伝えの継承が多かったのであろうか。川鍋次郎左衛門は、吉郎右衛門と同時に呼んだ嘉助と太作にも、この経消しの唱えについて尋ねた。二人とも知らない、と答えている。

ところが、実際には嘉助は経消しの唱えを知っていた。嘉助をよく知っている長蔵は、「大江村の幸左衛門は、嘉助に経消しの唱えを頼んでいます。嘉助の他には経消しを頼んでいません」と供述している。実は、嘉助と幸左衛門は名子主と名子の関係にあり、幸左衛門は主人の嘉助に経消しの唱えを頼んでいた。長蔵の供述については、このあとでふれるが、百姓たちの供述も鵜呑みにできない。

爪を立てて踏んだ絵踏

川鍋次郎左衛門は、吉郎右衛門にもう一つの疑問を聞いている。日頃から気になっていた疑問といえる。影踏のことである。影踏は、一般的には絵踏といわれている。島原藩でも毎年役人に天草郡内を巡回させて絵踏を行っている。宗門改めの基本といえる。

ところが、不思議といえば不思議である。これだけの潜伏キリシタンがいながら、絵踏はさしたる問題なく実施されている。絵踏を拒んだ者もいない。絵踏で処罰されたとも聞かない。川鍋は聞いていた。坊主の読経を消し去る経消しをしている邪宗信者が、同じように、絵踏のあと、その行為を消し去るようなことするらしい。川鍋は、確認のために吉郎右衛門に聞いた。
（問）影踏の時、踏んだあとは、どのようにしているのか。
（答）踏んだあと、足の爪を立てたまま宿に帰り、直ちに足を洗い、その水を戴き、飲んでいます。しかし、本尊を踏んでいるので、何の奇特もないと伝え聞いています。

潜伏キリシタンたちは、葬式に際し、檀那寺の坊主が帰ると、坊主の経を消し去る経消しを行っていたことは広く知られているが、キリシタンたちは、さながら「絵踏消し」を行っていたのである。

吉郎右衛門によると、足の爪を立てたようにして絵踏をし、足の爪を立てたまま宿に帰っていた。吉郎右衛門の話しを聞いて、川鍋は「やはりそうか」と思った。それで川鍋が、島原藩の重役として従来に増して絵踏を厳重にやるように指示に動いたかというと、それはない。絵踏が終わったあと、役人も足の爪を立て、歩きにくそうに歩いている百姓たちを見かけたであろうが、それで信者だと疑われ、取り調べを受けたというような話しは聞かない。

実は、富岡役所で取り調べが始まる時期、島内では絵踏が行われていた。富岡役所は、数千にのぼる潜伏キリシタンを相手にしながら、同時に、定例化していた島内巡回の絵踏を粛々と行っているのである。むろん、取り調べ対象の今富・大江・崎津、そして高浜の村々にも例年どおり絵踏が実施された。この四ヵ村だけ特に念をいれて絵踏をやったという形跡はない。

信者組織の中心的人物が、絵踏消しをやっていると告白しながら、絵踏は、この後も禁教政策の基本としてつづけられていくことになる。

役人側で記録された大江村の『吟味日記』には、潜伏キリシタンの唱えの文句（オラショ）を中心とした供述が並んでいる。パターン化した供述である。しかし、時に役人側の誘導で、思わぬ情報が役人側に伝わっていることもある。長蔵の供述は、その典型である。それは、結果的に重大過ぎる供述となっている。逆に、信仰組織の中心にいながら、目立った供述を残さなかった者もいる。伊八もその一人である。

6　重大過ぎる供述

長蔵の供述

文化二年（一八〇五）五月十九日、大江村の長蔵という百姓が供述している。長蔵は、五月二日に呼び出しを受けているが、この時は出向かず、その後の呼び出しとなっている。

この長蔵の供述が、結果的に重大なものとなる。一つには、大江村における帳元の存在が明らかになったことである。しかも、「名子の帳元」である。二つには、長蔵の供述から出た幸左衛門・嘉助の名前が、後年、天草を支配する西国郡代によって利用されていることである。幸左衛門と嘉助。二人の名前は後世まで残ることになった。

あとで述べるように、五千人余の信者が摘発された天草の潜伏キリシタン事件は、後年、全く別物の事件に改竄されていくが、その事件の張本人とされたのが、何と、この幸左衛門と嘉助だったのである。まさか自分の供述が、そのような歴史的なでっち上げに使われていくことになろうとは、長蔵は、知る由もなかった。

長蔵は、耳の不自由な信者だった。洗礼名は寿庵といった。耳が不自由だったためか、長蔵の供述は、他の者たちとは違っていた。他の者たちが唱えの文句、オラショを供述しているなかで、長蔵は個人名を出した具体的な供述をしている。長蔵の供述は次のようなものである。

○本尊のサンタマルヤ様にアンメンジンスと祈ります。私は耳が聞こえないので、唱えの文句は習っていません。申し上げた文句だけしか知りません。

○大江村の幸左衛門は、嘉助に経消しの唱えを頼んでいます。嘉助の他には経消しを頼んでいません。

○霜月の祭日（降誕祭）の日繰りを承知しているのは、幸左衛門です。幸左衛門が村の内外の祭り日を知らせています。

長蔵を取り調べた代官も長蔵の供述内容に注目し、大江村担当の平井為五郎に幸左衛門についてよく調べるよう命じている。幸左衛門はキリシタン暦の日繰りを行う帳元であり、潜伏組織の解明にとって重要な人物となっている。帳元の幸左衛門と嘉助については、別途、大江村庄屋によって徹底した取り調べがなされている。

後年、天草を支配した西国郡代によって幸左衛門と嘉助の取り調べ記録が注目され、幸左衛門と嘉助の二人は、天草潜伏キリシタン事件の首謀者とされていくことになる。

名子の帳元

当時の大江村の潜伏キリシタン組織において、幸左衛門と嘉助はしかるべき存在だった。大江村の『吟味日記』によると、五月四日、両人は、揃って富岡役所に呼び出しを受けている。嘉助は五月二日からつづけて呼び出されている。五月四日に新たに呼び出しを受けた面々は次のとおりである。

上組　　　　上組小前
恒兵衛門　　幸左衛門
恒四郎　　　嘉作
伴蔵
下組　　　　下組小前
源蔵　　　　市蔵　不参
嘉助　　　　伊助
　　　　　浜
　　　　　　松右衛門

大江村の信仰組織は、大きく上組と下組に分かれていた。二段に分けて書かれた百姓は、上段が頭百姓、下段が「小前」である。「小前」とは、本百姓である頭百姓に対する呼称であり、小百姓とも言っている。大江村の頭百姓は名子主で構成され、小前＝小百姓とは名子のことである。

嘉助は頭百姓であるが、実は、右の史料に見るように、下組にも頭百姓の嘉助がいる。ただ、名子主と名子の関係を考えると、両人は同じ組に属していたはずであり、五月二日に呼び出された上組の嘉助と幸左衛門が、長蔵の供述する二人に該当するとみてよい。

五月四日、頭百姓で名子主の嘉助は、自分の名子の幸左衛門とともに再度呼び出しを受けた。そうなると、先の長蔵の供述は、俄然、大きな意味を持ってくる。

長蔵は、「大江村の幸左衛門は、嘉助に経消しの唱えを頼んでいます。嘉助の他には経消しの唱えを頼んでいません」と供述している。供述によれば、嘉助と幸左衛門は名子主と名子という関係だけでなく、信仰的にも強く結ばれていたことをうかがわせる。名子の幸左衛門は主人の嘉助に経消しの唱えを頼んでいた。嘉助は『吟味日記』に示されている供述内容からみても、多様な唱えを継承した上組の指導者的な存在である。

そして長蔵は、「霜月の祭日（降誕祭）の日繰りを承知しているのは、幸左衛門です。幸左衛門が村の内外の祭り日を知らせています」、と供述している。幸左衛門は、村の内外のキリシタン暦の日繰りを知らせる帳元の役割を果たしていた。

嘉助は、その人柄もあって、名子の幸左衛門を帳元的な役割につけていた。大江村上組の潜伏キリシタン組織において、嘉助と幸左衛門は、名子主・名子の身分的な制約を越えて、中心的な役割を果たしていたことになる。

長蔵も上組に属していた。耳の不自由な長蔵は、嘉助と幸左衛門の関係が強く印象に残っていたのであろう。他の信者たちがオラショを供述するなかで、口伝えのオラショを習っていない長蔵は、役人の筆談で誘導されるままに、日頃、上組の信者を世話する嘉助と幸左衛門の関係について口にしたのであろう。大江村の潜伏キリシタン組織において具体的な役割が分かる嘉助と幸左衛門の存在が、後年、西国郡代の注目するところとなる。

伊八の動き

大江村上組の嘉助と幸左衛門の存在が、はからずも歴史的に浮揚していくのに対し、下組の伊八は潜伏キリシタン組織のなかに沈潜している。

大江村桑鶴の伊八は下組に属する。今日、潜伏キリシタンの「隠れ部屋」として知られる家の先祖である。当時、二十八歳であった。同家に現存する土地証文類からみても、同家はかなりの土地集積をしている有力な頭百姓である。同家が現在、大江天主堂近くの天草ロザリオ館に寄託しているキリシタン遺物の質と量からみても、伊八の家は大江村の潜伏キリシタン組織の中心的な存在であった。

大江村の檀那寺である江月院も、探索の初期において、そのように見ていた。江月院が大江村の信者組織の中心的存在とみていたのは、野中の市蔵、里の恒兵衛、桑鶴の伊八の三人である。市蔵・恒兵衛が上組、伊八は下組に属している。

伊八を中心に三人の取り調べをみておくことにしよう。恒兵衛は、文化二年五月一日に始まった富岡役所の取り調べにおいて、最初に呼び出しがかかった人物である。この時は病気で不参し、その後呼び出され、五月七日、基本的な唱えを供述している。

恒兵衛の唱えにつづいて、上組・下組のキリシタン暦についての供述が記述されているが、これも恒兵衛の供述とみてよい。つまり、恒兵衛は、上組と下組で微妙に違うキリシタン暦の日繰りに通じていた。恒兵衛は、当時の大江村全体の潜伏キリシタン組織の中心であった。

一方、市蔵は、下組の名子層を中心とした信仰組織のまとめ役とみられる。市蔵は、五月九日に基本的な唱えの文句を供述している。

伊八はどうか。伊八は、五月二日、先の吉郎右衛門らとともに、大江村の頭立ちの者の一員として呼び出されている。富岡役所の記録にみる限り、仏像の差し出しはしておらず、なぜか唱えの供述も記録されていない。五月七日には村方に戻されている。伊八が再度の呼び出しを受けたのは、五月二十五日である。連日、十数人が呼び出しを受ける状況のもとでの呼び出しであり、大江村への呼び出しも翌二十六日には終わっている。

このように伊八は、江月院による初期の探索で潜伏キリシタン組織の中心的な人物とみられた三人のなかで、なぜか、目立った追及を受けていないし、仏像・仏具も差し出していない。仏像・仏具を差し出していないからこそ、伊八の家のキリシタン遺物は、現在、天草市立の天草ロザリオ館で見ることができるわけである。

これら展示されたキリシタン遺物を見ると、潜伏キリシタン組織の中心的な家が、取り調べの表立った対象にならず、やり過ごしていた印象を受ける。組織の長老的な存在である父親の徳右衛門も健在であった。

伊八は、事件から九年後の文化十一年（一八一四）、潜伏キリシタン事件のほとぼりも冷めたころ、自宅を新たに建築している。有名な「隠れ部屋」の原型は、この時つくられたものと思える。事件を通して隠し持っていた数々のキリシタン遺物は、ここに持ちこまれたであろう。伊八の父、徳右衛門が死去するのは、この二年後のことである。

第九章　改竄された潜伏キリシタン事件

1　五千百人の潜伏キリシタン

幕府に届けられた五千百人

島原藩が、天草における潜伏キリシタンの取り調べ結果を受けて、幕府への伺い書提出の準備にかかるのは文化二年（一八〇五）十月ごろからである。幕府に最初の伺い書を出したのが前年の十月、村方での取り調べを始めたのが、この年、文化二年の三月十一日からである。天草下島西海岸の潜伏キリシタン村落の探索を始めてから三年の歳月が経っていた。

幕府への伺い書の原案に残されていないが、取り調べ対象となった四ヵ村の庄屋が富岡役所に差し出した歎願書は残されている。庄屋たちの歎願書の趣旨は次のようなものである。

○取り調べをきびしく行い、異宗信仰の者たちもあり体に供述し、仏具・仏像も残らず差し出した。
○異宗信仰の者たちの人数は五千百人に及んだ。重々恐れ多いが、これらの者たちは先祖から遺風を引き継いだだけであり、残らず後悔し、心底を改めており、寛大な御慈悲におすがりしたい。

取り調べにあたった庄屋も、百姓たちが信仰に関係する仏具・仏像の全てを差し出したとは思っていないが、「あり体」の自供を引き出したとの実感は持っていたと思える。注目されるのは、天草下島西海岸の潜伏キリシタンの村々の邪宗信仰を「異宗」と表現していることである。

この歎願書は庄屋たちが差し出した形態をとっているが、島原藩当局の主導のもとで作成されており、藩当局の公式見解に近い。邪宗信仰を「異宗」と表現したのも島原藩の意向だった。島原藩は、当初から邪宗信者を処罰することは考えていない。五千人に及ぶ邪宗信者を「気長に取扱い」、教え諭して仏教信仰の正路の状態に戻すことを基本方針にしていた。

島原藩は、幕府への伺い書を江戸に持っていくに際して、長崎奉行側ともすり合わせを行っていたはずである。そして同藩は、長崎奉行側の浦上事件の処理もふまえ、潜伏キリシタンたちの信仰をキリスト教と結びつけて受け取られるような邪宗・邪教とはせず、最近の宗教行政で使われている、怪しげな社会秩序を乱しかねないような宗教をさす「異宗」に統一したものと思える。

現地の富岡役所も、当初から潜伏キリシタンの村々の信仰が、先祖から代々にわたって引き継がれていたものであることを重視していたし、取り調べを通して、本来の邪宗信仰のあり方からは様相を変えていることも実感していた。島原藩は、長崎奉行側と認識の足並みを揃え、幕府の「寛大な御慈悲」を引き出すためにも、天草の村々の邪宗信仰を「異宗」と表現することがふさわしいと判断し、摘発した邪宗信者の全てを異宗信仰の「宗門心得違い」の者、あるいは、異宗信仰を改心し仏教信仰の「正路」に戻った「異宗回心」の者と表現した。

幕府に届けられた天草下島西海岸の潜伏キリシタンの人数は、今富・大江・崎津三ヵ村で五千百人である。その後も村方の庄屋のもとで人数確定の取り調べは進み、最終的に高浜村を加えた四ヵ村で五千二百五人に達した。したがって五千二百五人という人数も変わりうる数字であった。高浜村庄屋上田源作が書き立てた人数の内訳は、次のとおりである。

大江村　総人数　三千百四十三人
　宗門心得違いの者　二千百三十二人（総人口の六十七・八％）
　素人　千十一人
今富村　総人数　千八百三十八人
　宗門心得違いの者　千四十七人（五十六・九％）
　素人　七百九十一人
高浜村　総人数　三千三百二十人
　宗門心得違いの者　三百十六人（九・五％）
　素人　三千四人
崎津村　総人数　二千三百六十八人
　宗門心得違いの者　千七百十人（七十二・二％）
　素人　六百五十八人

四ヵ村の「宗門心得違いの者」を合計すると、男女五千二百五人となった。男女人数が出されていることが重要である。家族一人ひとりについて、「宗門心得違いの者」か、素人かどうかが吟味され、この人数が出されている。

素人とは、宗門心得違いではない、正路の者という意味である。それにしても、改めてこの人数をみると、幕府に届けられた大江・今富・崎津などは、まさに潜伏キリシタン村落というべき数字である。この三ヶ村（実際には高浜村を加えた四ヵ村）に一町田村など消された潜伏キリシタンを加えたら、どのような人数が並ぶのであろうか。大竹仁左衛門が想定した六千という数字が思いうかぶ。

事前に示された幕府の意向

文化三年（一八〇八）の春、島原藩は江戸に家臣を送った。江戸には富岡役所で取り調べの総指揮に当った川鍋次郎左衛門と、前回も江戸に上っていた大竹仁左衛門が上ることになった。幕府評定所への窓口となったのは、旗本の吉田虎次郎であったろう。吉田も今度は断ってはいまい。文化三年八月、島原藩は幕府に事件についての報告と裁許を求めた伺い書を出しているが、伺い書を出すまでに、幕府側とつめた協議とすり合わせを行っている。したがって、島原藩が幕府評定所に正式の伺い書を出す際には、事件の扱いについての幕府の意向は示されていた。

幕府の意向とは、要は、幕府に届けられた異宗信仰の不心得者五千百人が、支障なく絵踏をすれば、全員を許すというものである。幕府の意向はすぐに国元に伝えられた。島原藩松平家の家譜『深溝世紀』の文化三年（一八〇六）八月晦日の項によると、島原藩は、天草の「天主教」（キリスト教）事件について、幕府にゆるやかな処分を願い、「幕府は、これを許した」と書いているように、島原藩は、文化三年八月に示された幕府の意向を事実上の幕府の裁定と受け取っている。

翌文化四年、正式に下された幕府の裁定は事前の意向どおり軽いものだった。幕府は、島原藩と地元役人の潜伏キリシタン村落に対する探索・取り調べ、教化に向けた取り組みを最大限に評価し、五千余の邪宗信者たちが、信仰対象の仏像・仏具を差し出し、改心（回心）して檀那寺のもとで仏教信仰に戻っているとの島原藩の報告をふまえて、邪宗信仰を改心した者たちの「罪は問わない」とした。そして、もう一度絵踏をさせることを条件に五千余の全員を無罪としたのである。

四ヵ村の百姓たちが喜びに沸きたったのはいうまでもない。村方では無罪に導いてくれた島原藩に感謝する募金が始まっている。高浜村白木河内の信者組織の中心的な存在である庄作などは、松平家に蒔絵を送りたいと申し出ている。

幕府老中から褒賞された村方関係者

文化四年（一八〇七）十二月八日、幕府老中牧野忠清は、今回の天草宗門一件で骨を折った村方関係者を褒賞した。最高の褒賞を受けたのが高浜村庄屋の上田源作である。一代限りの大庄屋格・帯刀御免、白銀十枚の拝領という破格の扱いだった。

地元役人のトップ、山方役の江間新五右衛門と大庄屋の長岡五郎左衛門・平井為五郎が白銀七枚なので、上田源作の破格の褒賞ぶりが分かる。大庄屋の松浦四郎八（大江村庄屋）・吉田長平などに白銀五枚、今富村庄屋の上田友三郎、崎津村庄屋の吉田宇治之助に白銀三枚が与えられた。

本来ならば、高浜・今富・大江・崎津四ヵ村の庄屋など、五千余という信じがたい人数の潜伏キリシタンの存在を見過ごしていた、見て見ぬふりをしてきた落ち度を糾弾されても仕方がない立場にある。上田源作にしても、自村の信者の存在に頬かぶりしていた。しかるに源作はお叱りを受けるどころか、破格の褒賞を受けている。褒賞原案をつくったのは、江戸に上り、そのまま江戸にとどまった大竹仁左衛門であろう。

幕府は、五、六千人規模の潜伏キリシタンの存在に直面しつつ、一貫した対処方針のもとで、邪宗信仰の不心得者を騒動に向かわせることなく、人数を特定し、これらの者たちを改心へと導いた藩当局と村方関係者の努力を素直に評価した。

それにしても、時代は変わったものである。「異宗」と呼ぼうが、何と呼ぼうが、幕府も、島原藩も、島民の側も、摘発された「五千二百五人」が御禁制のキリスト教信者であることは十分認識していた。しかし、「五千二百五人」全員がその罪を問われず、対処に当った関係者は幕府から褒賞された。時代は変わったものである。

2　西国郡代が改竄した天草の事件

天草下島西海岸の村々で起こった潜伏キリシタン事件は、天草を統治する富岡役所でも教訓として受け継がれ、現地の庄屋たちも「異宗回心」の者たちの生活には目を光らせたが、次第に事件は忘れ去られていった。そして、事件の様相は、ある時点で一変していた。事件から五十年後、天草の潜伏キリシタン事件は大きく改竄されていたのである。

「浦上三番崩れ」で明るみに出た事件の改竄

安政三年（一八五六）、肥前長崎近郊の浦上村で起こった潜伏キリシタン摘発事件、いわゆる浦上三番崩れによって、はしなくも全く様相を変えた、改竄された天草潜伏キリシタン事件が明るみに出る。

長崎奉行岡部長常は、浦上事件の扱いに際して、文化二年（一八〇五）の天草潜伏キリシタン事件を先例となる類似の事件とみなし、天草を支配する西国郡代の池田岩之丞に対し、事件の顚末について回答するよう照会状を出した。池田岩之丞は、「天草郡村々百姓ども異法一件」という表題で長崎奉行に回答している。以下、回答の全文を現代文に直してご紹介しよう。まず、事件の起こりについて、池田岩之丞は次のように回答している。

天草の一件の起こりは、大江村の幸左衛門が家々で引き継いで来た異宗を信仰したことにある。幸左衛門ら六人は、檀那寺の宗門のほか、銘々の家々で引き継がれ、親たちから伝えられた信仰をとり行った。本尊は天地の主デウス、母はサンタマルヤと申す仏の由。常々信仰すると、福徳を授かり、無病息災、作り物・漁方などにも恵まれ、来世では親・妻子・兄弟一同が天上界によみがえり、安楽の身となると伝えられていた。内密に信仰し、信仰が他へ聞こえてはいけないので、ごく内密に行動するよう親たちから絶えず言いつけられていた。拝む時は合掌し、指を組み、呪文を唱えた。男女とも出生の時は、本尊のデウスに水を供え、呪文を唱え、生まれた子の額に十の字を授けて、その水を飲ませ、俗名のほかに異名をつけた。

右のやり方も一様ではなく、家々でさまざまなやり方がある。死人が出た時は、異様な葬り方をしている。例年冬至のころを祝日と定め、この日から五十六日目をかなしみの入りといい、七日ごとの暦の繰り方がある。四十九日目を上がりといい、その日も祝日の由である。その外、断食、食禁、精進日ら様々なしきたりがある。異様な祭り方をしていて、異仏もデウス、シクン、ヒルジン、サンタマルヤなど、金な仏、あるいは掛物にて所持し、大黒・円鏡など仏名をつけ、何によらず仏が乗り移っていると言い伝え、信仰している。

天草郡は、文化十年（一八一三）三月に島原藩預かりから長崎代官の支配に、そして弘化四年（一八四七）五月からは西国郡代の支配に代わっていた。池田岩之丞は竹尾忠明につづく西国郡代であり、嘉永元年（一八四八）二月からその任にあたっていた。

池田岩之丞は、回答の冒頭において、「天草の一件の起こりは、大江村の幸左衛門が家々に引き継いで来た異宗を信仰したことにある」と書き、事件の起こりが「幸左衛門ら六人」の信仰活動にあると明言している。幸左衛門らは、檀那寺の宗旨のほかに、家で引き継がれてきた信仰をとり行ってきたとされている。デウス・サンタマリヤを本尊とする内密の信仰は、まぎれもなく潜伏キリシタンとしての活動であった。

そして、大江村の幸左衛門らの信仰と同様な動きとして、池田岩之丞は、同村の嘉助ら三十人の信仰について、次のように書いている。

大江村嘉助ほか三十人が同様の信仰をし、その中には怪しき人の形をした十の字に鋳造した鉄の像、真鍮でこしらえた人体のもの、平銅に仏像を付けたものを所持している。

嘉助を主宰者とする信仰集団は三十人と少し大きい。「怪しき人の形をした十の字に鋳造した鉄の像、真鍮でこしらえた人体のもの、平銅に仏像を付けたもの」とは、キリスト像を思わせる。そして岩田岩之丞は、天草潜伏キリシタン事件に対する幕府の処分について、次のように書いている。

右一件については、それぞれ幕府に伺いの上、きびしく処分を申し渡すべきところであるが、信仰は自身で発起したものでなく、先祖代々より申し伝えられてきたものになじみ、つまるところ、愚昧により心得違いをいたしたことに相違ない。全員が後悔し、怪しい風儀を止めることを申し立てている。

この度、お咎めに及ばずと沙汰するので、今後はいよいよ心底を改め、家業に精を出すようにし、秘密に所持した品々は残らず取り上げることを申し渡した。

以上が、西国郡代池田岩之丞が、文化二年に終息をみた天草下島の潜伏キリシタン事件ついて、照会を求めた長崎奉行の岡部長常に出した回答の全文である。驚くべき回答の内容である。事件から五十年、天草下島の潜伏キリシタン事件は全く別物に仕立てられている。

天草の邪宗信仰は異宗として扱われているが、異宗の記述内容や幕府の処分については、それほどの問題はない。しかし、「天草の一件」そのものは、全く別物になっている。事件は、大江村の幸左衛門ら六人、同村嘉助ら三十人によって引き起こされた、よく実体の分からない、怪しげな村の異宗信仰事件となっている。

改竄された天草の潜伏キリシタン事件

天草の事件は、「天草郡村々百姓どもの異法一件」といいながら、西国郡代池田岩之丞の回答では、一件が今富・大江・崎津三ヵ村にまたがり、潜伏キリシタンが総数五千余に及んだ事実は、全く抜け落ちている。天草の一件は、肥前浦上村の事件と同様に、あたかも大江村で起きた幸左衛門・嘉助ら数十人の怪しげな信仰事件として、長崎奉行に回答されている。

池田岩之丞にとって、事件に関係した者たちの人数など、どうでもよかった。天草の潜伏キリシタン事件が異宗信仰の心得違いの者たちによって引き起こされ、これら心得違いの者たちも改悛し、幕府もその罪を問わなかった点が重要であった。

大江村の数十人の事件は、全くの根も葉もない話しではない。池田岩之丞が首謀者として名前を出している幸左衛門も嘉助も、大江村に実在した百姓である。実在した人物を利用しながら、天草の潜伏キリシタン事件は、大江村で起こった、正体のよく分からない、怪しげな村の宗教事件へとつくり変えられた。

先に述べたように、文化二年五月一日、島原藩富岡役所は、村方での取り調べが最も早く終わった大江村から富岡役所での取り調べを開始するが、最初に呼び出されたのが頭百姓の嘉助である。嘉助は、その後高浜村の友吟味にも呼ばれ、同村の取り調べに協力させられた頭百姓の一員であり、大江村の潜伏キリシタン組織の中心的な存在であったことは確かである。幸左衛門が呼び出されたのは、五月六日である。

事件の首謀者にさせられた名子と名子主

大江村の嘉助と幸左衛門の存在が西国郡代側の目にとまったのは、同じ大江村の長蔵の供述が注目され、長蔵の供述によって嘉助と幸左衛門が取り調べを受け、記録が残されていたからである。思い起こせば、文化二年五月十九日、富岡役所に呼び出された長蔵という耳の不自由な信者の供述が、でっち上げのキッカケとなった。もう一度、思い起こしてみよう。長蔵の供述は、次のようなものである。

○本尊のサンタマルヤ様にアンメンジンスと祈ります。私は耳が聞こえないので、唱えの文句は習っていません。申し上げた文句だけしか知りません。

○大江村の幸左衛門は、嘉助に経消しの唱えを頼んでいます。嘉助の他には経消しを頼んでいません。

○霜月の祭日（降誕祭）の日繰りを承知しているのは、幸左衛門です。幸左衛門が村の内外の祭り日を知らせています。

長蔵は、耳の不自由な信者だった。洗礼名は寿庵といった。耳が不自由だったためか、長蔵の供述は、他の者たちと違っていた。他の者たちが唱えの文句、オラショを供述しているなかで、長蔵は幸左衛門と嘉助という個人名を出した具体的な供述をしている。

先にふれたように、嘉助と幸左衛門は、名子主と名子の関係にあった。二人は、上組と下組に分かれている大江村の信仰組織で上組に属していた。大江村では名子主と名子といえば、厳然たる身分格差があったが、嘉助は違っていた。嘉助は、その人柄もあって、名子の幸左衛門を帳元的な役割につけていた。

長蔵が、「霜月の祭日（降誕祭）の日繰りを承知しているのは幸左衛門です。幸左衛門が村の内外の祭り日を知らせています」と供述しているように、幸左衛門は、大江村の帳元的な役割を果たしていた。同時に、長蔵が、「大江村の幸左衛門は、嘉助に経消しの唱えを頼んでいます。嘉助の他には経消しを頼んでいません」と供述しているように、幸左衛門は、名子主の嘉助を信頼していた。嘉助と幸左衛門は、名子主と名子という身分的な制約を越えて、信仰的に強く結ばれていたといえる。

長蔵も上組に属していた。耳の不自由な長蔵は、嘉助と幸左衛門の人間関係が強く印象に残っていたのであろう。他の信者たちがオラショを供述するなかで、口伝えのオラショを習っていない長蔵は、役人の筆談で誘導されるままに、日頃、上組の信者を世話する嘉助と幸左衛門の関係について口にしたものと思える。まさか自分が口にした二人が、改竄された事件の首謀者にでっち上げられるとは、知る由もなかった。

天草下島西海岸の村々の潜伏キリシタン事件は、幕末近い安政三年の浦上事件に際して、大江村で起きた異宗信仰事件にすり替えられ、幸左衛門なる名子は、名子主の嘉助とともに、天草邪宗事件の首謀者的な存在に仕立てられた。

誰が、何のために改竄したのか

天草下島西海岸の村々の潜伏キリシタン事件から七年後、文化十年（一八一三）三月、天草は島原藩の預かりから長崎代官高木作右衛門の支配へと変わり、さらに西国郡代の支配と変わる。安政三年当時の西国郡代は池田岩之丞であった。長崎奉行の岡部長常が、浦上三番崩れ事件に関連して問い合わせた西国郡代の池田岩之丞は、長崎奉行の指揮下に位置する。

西国郡代の池田岩之丞が、長崎奉行の岡部長常から問い合わせがあった時に、通常ならば五十年前の事件を抜本的に改竄して長崎奉行に回答したとは考えがたい。西国郡代の回答は浦上事件を裁く判例となるからである。しかし、池田岩之丞は改竄した。天草下島西海岸の村々の潜伏キリシタン事件は、事実上、大江村の数十人の百姓によって引き起こされた怪しげな信仰事件として回答されている。

なぜか。天草の潜伏キリシタン事件を、浦上村の事件と寸法をつりあわせるためである。天草の事件では五千余の潜伏キリシタンが摘発されている。この事件をそのまま回答しても、問い合わせてきた長崎奉行が参考にするような判例にはならない。三ヵ村（実質、四ヵ村）が絡んだ事件は複雑でもある。「天草の事件を村の事件にしてしまえ」。こうした作為が閃いた。そして配下の役人が天草の事件簿を見返しているうちに目にしたのが、大江村庄屋による嘉助と幸左衛門の取り調べ記録であった。

今一つ、思い当ることがある。文化九年（一八一二）、天草の支配が島原藩預かりから長崎代官の支配に移る時期に、上島の今泉村（現・上天草市）において浄土真宗がらみの異宗事件が起きている。今泉村の浄土真宗の西運寺と教良木村（現・上天草市）の禅宗の金性寺の門徒たちが、西運寺において新後生組・団子組と称する講会を組織し秘密裡に宗教活動をしていたとして、同村の庄屋と大矢野組大庄屋が島原藩に通報した。

事件は島原藩から幕府の勘定奉行、ついで老中に上申され、文化九年十一月二十九日、老中からの下知により、長崎奉行の扱いとなった。長崎奉行の検索によって一党二十一人の百姓が摘発され、文化十年二月七日、病気中の百姓幸左衛門ら三人を除く十八人が捕らえられ、長崎で入牢させられた。偶然なのか、ここでも幸左衛門が登場している。

文化九年三月、天草は、島原藩預かりから長崎代官高木作右衛門支配に代わるが、今泉村の探索は長崎代官に受け継がれた。事件についての幕府老中の下知（判決）が出るのは文化十一年五月二十一日のことであるが、この間、十四人が入牢中に死んでいる。

さて、西国郡代池田岩之丞は、上司筋に当る長崎奉行の岡部長常から、肥前浦上村の異宗事件を裁く参考にしたいとして、五十年前の天草の邪宗事件の判決についての回答を求められた。長崎奉行から浦上事件を裁く判例を求められたのである。池田は、「天草の邪宗事件では浦上の参考にはならない」と考えた。天草の邪宗事件は四ヵ村にまたがり、被疑者も五千人を超えている。

西国郡代池田岩之丞は、長崎奉行の岡部長常からの判例の提供に応える必要があった。池田の念頭に浮かんだのが天草の邪宗事件のすぐ後で起こった今泉村の事件だったと思える。今泉村の事件も邪宗事件も同じ異宗事件であり、浦上村の事件と規模も似通っている。今泉村の事件と邪宗事件を適当に組み合わせて、浦上村事件の判例に合うように事件をつくり出した。

事件の場所として大江村を引き合いに出し、具体的な百姓の名前として、大江村頭百姓の嘉助と、嘉助の名子の幸左衛門を出した。二人は大江村の組織において信仰活動の役割が分かった。取り調べ記録も残っていた。そして偶然にも今泉村にも幸左衛門がいた。幸左衛門は今泉村の最年長で、病気を理由に入牢を免れていた。

大江村と今泉村で幸左衛門の名前を見つけた時、池田岩之丞の配下役人にひらめいたのであろうか。いずれにしても、大江村の嘉助と幸左衛門は、西国郡代池田岩之丞によって長崎奉行の法廷に送られることになった。

風化する潜伏キリシタン事件

天草下島西海岸の村々で起きた潜伏キリシタン事件は、幕末、安政三年（一八五六）に起きた浦上事件に際して、長崎奉行からの判例要請に応える形で、大江村の一部の百姓が引き起こした異宗信仰事件としてつくり変えられた。

島原藩が幕府に公式に届け出た天草の潜伏キリシタン事件が、いとも簡単に改竄され、つくり変えられたことにも驚くが、肥前浦上村の三番崩れといわれる潜伏キリシタン事件に際して、創作された天草の事件の判例が堂々と通用していることに驚かざるをえない。

天草下島西海岸の村々の潜伏キリシタン事件は、幕府の公式文書の世界では、長崎奉行のもとに提出された西国郡代池田岩之丞のもとで創作された判例が生きていくことになる。そこには天草の潜伏キリシタン事件が風化し、実相が忘れ去られている現実を感じる。

事件が風化するなかで、「五千二百五人」の摘発をみた天草下島西海岸の潜伏キリシタンの村々は、異宗回心の者と仏教信仰の素人という新たな区別がなされながらも、元の日常生活のなかに戻っていった。

おわりに――日常に戻った潜伏キリシタン村落

全員無罪のレトリック

天草の潜伏キリシタン事件が終息すると、幕府は、事件の取り調べに関わった高浜村庄屋上田源作以下の地元役人を褒賞した。異例のことといえる。五千余という信じがたい人数のキリシタンを出したことでお咎めを受けるどころか、褒賞されている。高浜村庄屋の上田源作などは、大変なお褒めにあずかっている。時代が変ったことを実感する。

幕府の本音といえる。天草の潜伏キリシタン事件は、初期の信仰形態からすれば、大きく変容したキリシタンの事件であるが、幕府も、島原藩も、天草の島民も、天草潜伏キリシタン事件の信仰が御禁制のキリスト教信仰であることは十分認識していた。

しかし、禁教の原則を定めた江戸初期から百数十年を経過したキリシタン事件を、江戸初期の同種の事件と同列に裁けるのか。裁くことはできないのではないか。では、どうするのか。どうしたらキリスト教の禁止という国家の大原則とのかねあいで現実に存在している潜伏キリシタンに対して幕府としてケジメをつけられるのか。

そこで着目されたのが、当時の宗教行政で使われていた「異宗」「異法」という、怪しげな社会秩序を混乱させかねないような宗教の呼び方である。島原藩も、裁許を求められた幕府も、異宗に名をかりながら、摘発された五千余の邪宗信者に対し、「心得違い」の者として厳しく叱りおき、今後の異宗信仰を禁じることで、キリスト教の禁止、禁教の大原則に変わりがないことを示した。

こうして五千人余の潜伏キリシタンは、全員が処罰されることなく、無罪となった。潜伏キリシタンは、全員が異宗信仰を改心（回心）したとみなされ、「異宗回心」の者とも呼ばれた。

天草の事件は、長崎の浦上村の事件と同時期に起きた潜伏キリシタン事件であるが、浦上村のような「一番崩れ」「三番崩れ」といわれる潜伏キリシタンの発覚・摘発事件には展開していない。島原藩も、地元の庄屋・大庄屋も、事件後、村方において潜伏キリシタンの信仰生活が事実上復活しつつあることをつかんでいたが、改めて事態を問題視するような動きをみせていない。

島原藩も、その後天草を預かった長崎代官・西国郡代も、五千人以上の「異宗回心」の者が存在する村方に、禁教の原則を振りかざして介入する意志など毛頭なかった。宗門改め・絵踏という禁教の基本方策をつづけながら、潜伏キリシタン村落が信仰を表立てず、これまでと変わらない日常生活を送ってくれることを望んだ。

天草下島西海岸の潜伏キリシタン村落は、もとの日常生活を取り戻しつつあった。大江村桑鶴の伊八が、事件から九年後、自宅を新築し、そこに信仰のための「隠れ部屋」をつくったことは、潜伏キリシタンが新たな信仰生活を再開していたことを象徴している。

潜伏キリシタン村落の新たな動き

事件を通して、潜伏キリシタン村落の内実が変わってきていることも確かである。天草の潜伏キリシタン事件は、寛政期（一七八九〜一八〇一）に深刻化のピークを迎えた格差・貧困問題を背景に、下層・貧困層がキリスト教信仰との結びつきを深め、頻発する百姓一揆とあいまって「発覚」している。

天草の格差・貧困問題は複雑である。銀主といわれる少数の高利貸的な富裕者のもとへの経済利益の集中と、近代にまで持ち込まれた名子制度とが絡み合って、下層・貧困層が島嶼社会に滞留した。島原藩に招かれ、キリシタン探索・仏像鑑定に当った江月院の大成和尚は、潜伏キリシタンの村々を探索するかで、キリスト教信仰が村々の格差・貧困問題に根ざしている現実を見抜き、「貧困ゆえに邪宗信者が多い」と指摘している。

最大の潜伏キリシタン村落である大江村は、その典型である。事件当時、村方を探索した大庄屋は、「村内には頭立ちの百姓が四十九人いるが、その他は全て頭立ちの百姓の名子である」という、驚くべき報告をしている。名子主である頭百姓が、村運営とキリシタン組織の中心であった。

そこで取り調べの役人側は、頭百姓から切り崩そうとした。ところが、すぐに村の状況は一変している。大江村にもぐり込んでいた隠密は、「一人でも役人側に申し出て、白状したならば、大勢で押しかけ、家族全員を殺す。大江村全体がそういう状況になっており、村民はお互いに牽制して、とても申し出る状態ではない」、と報告している。一時、大江村は恐怖につつまれた。

役人側に歩み寄った村役人・頭百姓を突き上げたのは、村の多数を占める下層・貧農のキリシタン名子と若者たちであったとみてよい。崎津村でも漂着した唐船の長崎への曳航賃金の支払いをめぐって、零細なキリシタン漁民たちが庄屋・村役人を突き上げていた。

信者の受け皿となった潜伏キリシタン村落

天草下島西海岸の村々の潜伏キリシタン事件は、キリシタンの下層貧農・漁民による銀主・庄屋・頭百姓に向けた百姓一揆に通じる側面をもっていた。事件後、潜伏キリシタンの村々では、村役人・頭百姓を中心とした信仰組織が多少揺らぎ、名子や漁民など下層・貧農キリシタンの社会進出がみられていくものと思える。

幕末、西国郡代によって天草潜伏キリシタン事件が改竄された時、その首謀者に仕立てられた大江村の幸左衛門が名子の身ながら、キリシタン暦を管理する帳元的な存在であったことは、皮肉にも時代を象徴している。

明治十五年（一八八二）ごろ、大江・崎津・今富を廻った崎津教会のフェリエ神父が記録した村々の信者数の多さ、信者割合の高さは、事件後、幕末維新の社会変動のなかで、下層貧農・漁民を中心に、新たに入信する者が少なくなかったことを想定させる。崎津村はその典型である。

事件当時の崎津村の総戸数が百三十七戸である。フェリエ神父によると、明治十五年ごろ崎津村の総戸数が六百戸となり、そのうち総戸数の約九十二％にあたる五百五十戸がキリシタンだった。事件後、幕末から明治にかけて崎津の港には驚異的な世帯の流入がつづき、流入した住民のほぼ全てがキリシタンだったことになる。

幕末から明治の新時代にかけて、崎津村・大江村を中心とした下島西海岸の潜伏キリシタンの村々が、キリシタン住民の受け皿となっていた。

◎参考文献一覧

〔主要史料〕

『天草吟味方扣』しまばら古文書を読む会、二〇〇一年
『天草古切支丹史料』一～三、九州史料刊行会、一九五九～一九六一年
『天草郡高浜村庄屋　上田宜珍日記』寛政九年～文化四年　天草町教育委員会、一九八八～一九九八年
『崎津・今富の集落調査報告　史料編』天草市教育委員会、二〇一三年
上田家文書（天草市高浜町）

〔主要参考文献〕

大橋幸泰『キリシタン民衆史の研究』東京堂出版、二〇〇一年
角田政治『上田宜珍伝』一九三〇年
児島康子「天草異宗事件における露見の構造」『熊本大学社会文化研究』三、二〇〇五年
同「天草異宗事件をめぐる対処方針」『熊本大学社会文化研究』六、二〇〇八年
示車右甫『隠れキリシタン』海鳥社、二〇一二年
玉木　譲『天草河内浦キリシタン史』新人物往来社、二〇一三年
野島幹夫『教義伝承からみた天草切支丹崩れの意義』（私家版）、二〇〇四年
濱崎献作『天草の伝承キリシタンとオラショ』サンタ・マリア館、二〇〇三年

東　　昇『近世の村と地域情報』吉川弘文館、二〇一六年
平田正範『天草かくれキリシタン　宗門心得違い始末』サンタ・マリア館、二〇〇一年
古野清人『隠れキリシタン』至文堂、一九六六年
宮崎賢太郎『カクレキリシタンの実像』吉川弘文館、二〇一四年

吉村豊雄（よしむら　とよお）

1948年佐賀県生まれ。熊本大学名誉教授。博士（文学）。専門は日本近世史。『日本近世の行政と地域社会』（校倉書房）で第12回徳川賞（2014年）、『棚田の歴史』（農山漁村文化協会）で第36回熊日出版文化賞（2015年）を受賞。著書に『近世大名家の権力と領主経済』『幕末武家の時代相—熊本藩郡代 中村恕斎日録抄—』（ともに清文堂出版）、『藩制下の村と在町』（一の宮町）など。最新作に『天草四郎の正体』（洋泉社新書、2015年）がある。

歴史ルポルタージュ 島原天草の乱❸
潜伏キリシタン村落の事件簿
2017年11月20日　初版発行
著　者　吉村豊雄
発行者　前田博雄
発行所　清文堂出版株式会社
〒542-0082　大阪市中央区島之内2-8-5
電話06-6211-6265　FAX06-6211-6492
http://www.seibundo-pb.co.jp
組版：六陽　印刷製本：朝陽堂印刷
ISBN978-4-7924-1076-6　C0321

歴史ルポルタージュ

島原天草の乱　全3巻

百姓たちの戦争

一揆の過程を、幕藩領主側との武力による戦いの過程、「戦争」として描くことと、松倉家・寺沢家の牢人が一揆の企てに加わったという、知られざるシナリオを明らかにし、一揆首謀者の企てが島原藩領・天草領での一揆、「百姓たちの戦争」へと展開していく歴史の深みを解き明かす。

300頁　本体一九〇〇円

ISBN978-4-7924-1073-5

原城の戦争と松平信綱

島原天草の乱における原城攻防戦、原城戦争において、十三万近くの幕藩軍を率いて一揆を制圧した松平信綱。戦後の軍功バトルの処理から中央政界のトップに上りつめるキッカケとなった政治的光芒を描く。「知恵伊豆」の真骨頂というべき政治舞台へいざなう。

156頁　本体一五〇〇円

ISBN978-4-7924-1079-7

潜伏キリシタン村落の事件簿

日本キリシタン史上、空前の規模のキリシタン発覚事件。天草下島西海岸の潜伏キリシタンの村々が、幕府領の天草郡を預かる島原藩の探索・取り調べを受け、最終的に五千二百五人もの潜伏キリシタンが摘発されていく事件に分け入った史的ルポルタージュ。

228頁　本体一八〇〇円

ISBN978-4-7924-1076-6